JN002490

書いて・きいて・深める

山田雅子

［著］

——信頼関係を築く
コミュニケーショントレーニング 101

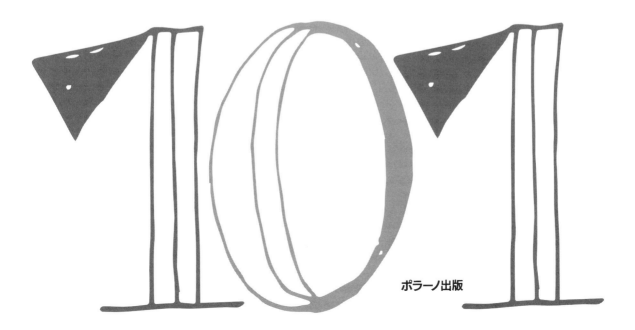

ポラーノ出版

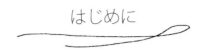

はじめに

　コミュニケーションの科目を担当するようになって、はや 10 年余りの歳月が経ちました。こうして 1 冊の著作を世に出すことになり、はたと思います。なぜ私のような者がコミュニケーションを教える立場に身を置いているのだろう、と。

　正直に申し上げれば、著者自身はコミュニケーションが得意なわけでも上手なわけでもありません。唯一自信が持てるのは、授業での学生たちの様子からの気付きがたっぷりあるという点です。得意でないからこそ気を留めたこと、関心を向けたこと、新たな視点で理解したことがたくさんあったと思えば、むしろ不得意でよかった、とさえ思います。

　そうした現場での実感と著者自身の思いとを全投入したのが、このトレーニングブック『書いて・きいて・深める──信頼関係を築くコミュニケーショントレーニング 101』です。

　この本では、（自ら）書いて、（人から）きいて、（考えを）深めることに重きを置き、人からの反応を得ながら書き進めていくかたちにこだわりました。このトレーニングブックの仕掛けが機能するかどうかは、ここに書き込まれる文字の量次第、さらにいえば、書き込んでもらう相手の人数次第で決まります。「できるだけたくさんの文字を、できるだけ多くの人の協力を得て」が成果を上げるコツです。「課題だから」「宿題だから」などと理由をつけて人に頼んでみることもコツの一つと言えるかもしれません。

　面倒でも、一つ一つのワークに正面から取り組んでいくと、自分を知る楽しみや人から自分について教えてもらう面白さが実感されることと思います。自分を知ると、人に伝えたくもなるでしょう。各記入欄が黒く埋められる頃には、各ワーク（TRY）による人との関わりと、書き出すことによる発見、考えの深化によって、あなたのコミュニケーションは洗練されています。そして完成した 1 冊は、今現在の皆さんにも、これから先の皆さんにも示唆を与える 1 冊になっているはずです。

　人は内省によって大きく変わります。そこに人の力が加われば、さらに劇的に変わります。この本が、コミュニケーションそのもののきっかけとコミュニケーションについて考えるきっかけを豊富に与えられるものであることを心から願います。

山田 雅子

CONTENTS ----------

3 良い会話の秘訣は聴き方にあり 29

"自分らしさ"の再発見

　突然ですが、1本のペットボトルを想像してください。横から見ればいつものボトルの形です。では、上から覗けばどうでしょうか。斜め下からでは……。実際に様々な角度からペットボトルを眺めてみると、全く予想外の見え方があることに気付くはずです。これはあなた自身に関しても同じこと。「自分とはこういうもの」と思っていても、それはほんの一面を捉えているに過ぎません。

　この章で目指すのは、あなた自身の再発見です。「発掘」といっても良いかもしれません。さあ、自分のアイデアや人の目を頼りに、このワークブックの多彩な仕掛けを一緒に体感していきましょう。

◎1-1　ウォーミングアップ

★TRY-1　3種の枠の使い分け

　あなたが書き記す内容には頭の中で考えていたことが反映されます。さらにその「頭の中で考えたこと」には様々なレベルが存在します。このワークブックでは、「思いつき＝即時性」と、「熟考・熟慮＝完成度」とにレベル分けをし、両者を重視していきます。

　まず、「ラフ」マークが付いたワーク枠には、「あまり深く考えずに思いついた内容」をそのまま書き出していきましょう。手始めに、あなたが「今この瞬間に聴きたい曲」を書き出してみてください。

ラフ

「熟考」マークが付いたワーク枠には、「じっくりと考えた内容」を書き出していきましょう。ここでは、あなたにふさわしい「入場テーマ曲」を時間をかけて考えてみてください。

熟考

「他者」マークの付いたワークには、「自分以外の誰か＝他者が考えた内容」を書いてもらいましょう。ここでは、先ほどあなた自身が書き込んだように、その人の「今この瞬間に聴きたい曲」と「入場テーマ曲」を書いてもらってください。書いてもらうことが難しい場合には、答えを聞いてあなたが書き込んでも構いません。

他者

今この瞬間に聴きたい曲：

入場テーマ曲：

✧ 頭の中で考えていることはその人以外には分かりませんし、次の瞬間には頭の中から消え去ってしまいます。一方、一度文字に起こしてしまえば、自分以外の誰かにも、忘れた後の自分にも伝わります。その文字を介して共有することもできるわけです。「Point」マークの部分では、こうしたワークと併せて考えたい、ちょっとしたポイントを添えていきます。「今この瞬間に聴きたい曲」「入場テーマ曲」を自分自身と他者とで見比べて気付いたことも、書き留めておかなければ消えてしまいますから、以下の欄にメモしてみましょう。

Point

ラフ

◎1-2 人にきいて自分を知る

★TRY-2 自分から見た自分／人から見た自分

現在の自分自身に当てはまるところ、希望の自分像に当てはまるところに○を付けてみましょう。また、他者からの評価欄（グレーの網掛け部）は、今後のワーク（TRY）に取り組んだ上で転記してください。

特　性	自分の評価		周りの評価			
	現　在	希　望	話す前 TRY-3	普段の自 己紹介後 TRY-11	全力版自 己紹介後 TRY-22	あなたを よく知る 人の評価 TRY-4
グループA (1) リーダーシップがある						
(2) しっかりしている						
(3) 温かい						
(4) 思いやりがある						
(5) 頭脳明晰						
(6) 落ち着いている						
(7) 好奇心旺盛						
(8) 明るい						
(9) 謙虚						
(10) 大人しい						
グループB (11) 頼もしい						
(12) 正義感が強い						
(13) 穏やか						
(14) やさしい						
(15) 冷静						
(16) 有能						
(17) ポジティブ思考						
(18) ユーモアがある						
(19) 周りに気配りできる						
(20) 素直						

✧ 自分自身による評価と様々な段階での人からの評価が集まると、それらの○の位置から自分像を俯瞰することができますし、自分が知る自分はそのほんの一部分に過ぎないことにも気付きます。また、話す前から「こんな人ではないか」と抱かれるイメージも確かに存在します。一連のワークから気付いたことを以下の欄にメモしておきましょう。

Point

★TRY-3 話す前の自分の印象は……

授業など初対面の人とやりとりできる場合には、お互いに話す前の段階で **TRY-2** の表中（1）〜（20）からあなたの印象に当てはまるものを<u>口頭で答えてもらい、以下の欄に番号をメモしましょう</u>。複数の人から答えてもらえる場面では、グループ A・B のどちらかにかたよりがないよう配慮して選んでもらいましょう。

⇒ **TRY-2** のグレー欄に転記

他者

★TRY-4 自分をよく知る人から自分を見ると……

今度は家族や友人など、あなたをよく知る人の協力を得てください。**TRY-2** の表中（1）〜（20）からあなたの印象に当てはまるものを<u>口頭で答えてもらい、以下の欄に番号をメモしましょう</u>。グループ A・B のかたよりは気にしなくて構いませんので、ぜひ複数の人から選んでもらいましょう。　⇒ **TRY-2** のグレー欄に転記

他者

◎1-3 話題と〝たとえ〟で自分を発掘

★TRY-5 好きな話題・得意な話題

あなたにとって「この話題ならいくらでも話せる！」というものは何でしょうか。「1時間でも十分話せる」を目安に話題を 5 つ挙げ、次頁の例を参考に「好き」「得意」の度合いを表す具体的な行動を添えてみましょう。

オススメ	話　題	「好き」「得意」の度合いを表す行動
☆		
☆		
☆		
☆		
☆		

　5つ書き上げたら、その話題について誰かに質問してもらい、「面白い！」「他の人には
ない！」と感じた話題の☆を塗りつぶしてもらいましょう。

　例・**コンビニスイーツについて**……**新商品は見つけ次第必ず購入・実食。スマホには
スイーツ写真とレビューがたっぷりで、見返してニヤニヤするのが今の私の癒し。**

★TRY-6　あなたを○○にたとえると……

　あなたを様々なものにたとえてみましょう。ここでは、好きな何かを答えるのではなく、
①〜⑮の対象にあなた自身をたとえることが必要です。理由も併せて考えながら、自分の
イメージを探っていきましょう。

　ある程度書き上げたら、その内容について誰かに質問してもらい、「面白い！」「他の人
にはない！」と感じたものの☆を塗りつぶしてもらいましょう。なお、たとえが思いつか
ないものについては、積極的に人からのアドバイスを得てじっくり考えましょう。

　例　**「①色」：赤みがかった濃いオレンジ**……**情にもろくて明るさが取り柄だから**

オススメ	たとえる対象	こたえ	理　由
☆	①色		
☆	②動物		
☆	③飲み物		
☆	④季節		
☆	⑤スイーツ		
☆	⑥音楽		
☆	⑦植物・花		
☆	⑧果物		
☆	⑨パン		
☆	⑩野菜		
☆	⑪宝石		
☆	⑫麺類		
☆	⑬調味料		
☆	⑭キャラクター		
☆	⑮手触り		

✧ 人の頭の中では、つながりの深い言葉と言葉、概念と概念が網目のように意味ネットワーク（frame network）を構築しています。ですから、例えば「いちごミルク」に自分をたとえた場合、「ピンク」「甘い」「マイルド」「若者」「紙パック」などの内容も、付随して自動的に人の頭の中で連想される可能性があります。「言葉にしていないことまでもが伝わる」というところが、たとえの持つ面白さです。自分を何かにたとえることで自分自身に抱いているイメージに気付くと同時に、たとえによってより簡単にあなたのイメージを人と共有することもできるのです。

★TRY-7　あなたを表す漢字

　あなたを表すのにふさわしいと思う漢字を、丁寧に楷書で書いてみましょう。今、この瞬間のあなたを表すのではなく、「あなたの記念碑に刻みたい！」と思えるような、あなたに直結する文字を考えることが重要です。信念・ポリシーや好きなもの・こと、行動上の特徴など、様々な側面から考えてみてください。

　3つ以上書き上げたら、書かれた内容について誰かに質問してもらい、「面白い！」「他の人にはない！」と感じたものの☆を塗りつぶしてもらいましょう。

　例　「建」……建築マニア、かついつも建設的意見を出したいと思っているから

オススメ	漢 字	理　由
☆		
☆		
☆		
☆		
☆		

★TRY-8　あなたを表すオノマトペ

　オノマトペとは、音や声、様子を直接的に写した擬音語、擬声語、擬態語を表します。「ドキドキ」、「キャー」、「ふにゃふにゃ」、などはそれぞれの例です。あなたを表すにふさわしいオノマトペを5つ書き出してみましょう。

　3つ以上書き上げたら、書かれた内容について誰かに質問してもらい、「面白い！」「他の人にはない！」と感じたものの☆を塗りつぶしてもらいましょう。

　例　「ゲラゲラ」……笑いの沸点が低く、いつも大きな声で笑ってしまうから

オススメ	オノマトペ	理　由
☆		
☆		
☆		
☆		
☆		

✧ 日本語は、世界の言語の中でもオノマトペが特に豊富だと言われます。自分自身をオノマトペで表してみるだけでなく、周囲の人からもオノマトペを集めていくことで、自分自身が与えている印象をつかむことができるでしょう。巻末付録の「オノマトペコレクション」の欄に、多くの方からオノマトペでフィードバックしてもらいましょう。

★TRY-9 "自分らしさ"とは

あなたらしいと言える要素をじっくり考え、以下の欄に書き出してみましょう。その際、「人見知りしてしまう」のような、要素だけの簡単な説明にとどめず、「人に慣れるまでに時間は相当かかるけど、仲良くなると一生モノの関係を築ける」のように、あなたらしい書き方を工夫してみましょう。

オススメ	あなたらしさ
☆	①
☆	②
☆	③

オススメ	あなたらしさ
☆	④
☆	⑤
☆	⑥
☆	⑦
☆	⑧
☆	⑨
☆	⑩

2

自己紹介、その前に

　あなたは何回自己紹介をしたことがあるでしょうか。学校で、サークルで、アルバイト先で。人に出会う度、幾度となく私たちは自己紹介を繰り返します。関わった人の分だけ、自己紹介を重ねているといっても過言ではありません。

　ただ、その内容が本当にあなたを表し切れているのかといえば、そこは疑わしいものです。義務的に終えてしまうことも少なくないのではないでしょうか。この章で一度じっくり立ち止まって、あなたらしさをたっぷり詰め込んだ自己紹介を作り上げてみましょう。

◎2-1　いつもの自己紹介は NG だらけ？

★TRY-10　普段のあなたの自己紹介

　あなたは自己紹介の際にどのようなことを話していますか？　普段の自己紹介の内容を箇条書きで挙げてみましょう。

ラフ

★TRY-11　自己紹介フィードバック

　あなたをあまり知らない人に対して、普段通りに自己紹介してください。その後、**TRY-2**（11 頁）の表中（1）～（20）からあなたの印象に当てはまるものを選んで<u>口頭で答えてもらい、以下の欄にメモ</u>しましょう。複数の人から答えてもらえる場面では、グ

ループA・Bのどちらかにかたよらないよう配慮して選んでもらいましょう。

　　⇒ **TRY-2**（11頁）のグレー欄に転記

他者

★TRY-12　自己紹介リクエスト

　人はあなたのどんなことを聞きたいと思っているのでしょうか。聞きたい内容や項目について ヒアリングしてメモ、もしくは直接以下の欄に書き出してもらいましょう。

他者

●2-2　エピソードでリアリティを追加

★TRY-13　「へぇ〜！」エピソード集め

　具体的なエピソードがあるのとないのとでは、全くリアリティが異なります。具体性が 高まることで、聞く側の想像力は何倍も活発に働きます。「へぇ〜！」「すごい！」「なに それ〜!?」といった反応が返ってきたら、それは聞く人の心が強く動いたシグナル。そ うした大きな反応が得られそうな、あなたにまつわる個性的なエピソードを詳しく書き出 してみましょう。

　2つ以上書き上げたら誰かに目を通してもらい、「他の人にはない！」と思えるオスス メエピソードの☆を塗りつぶしてもらいましょう。

例）・今朝、学校に来るまでの1時間のうちに4回も道を聞かれました。実は前にも1日 で5回聞かれたことを思い出しました。今度、浅草あたりを無駄にウロウロして記 録更新に挑戦しようかと本気で考え始めています。

例）・中学時代、急に資格に目覚めて猛勉強したら、中学卒業までに15の資格をとるこ とができました。今では資格にも勉強にも全く夢中になれない僕。「なんでこんな ものを？」と思う資格も多いので、僕の一生分の勉強熱を無駄に使ったらしいこと を一緒に笑ってほしいです。

オススメ	「へぇ〜！」エピソード
☆	
☆	
☆	

★TRY-14　自虐エピソードで親しみやすさをプラス

　立派なエピソードも大事ですが、最初からそればかりでは聞く人の方が構えてしまいます。くすっと笑えるような自虐的なエピソードがあると、聞く側は少なからず親しみを覚えるものです。

　2つ以上書き上げたら誰かに目を通してもらい、「面白い！」「笑える！」「他の人にはない！」と思えるオススメの自虐エピソードの☆を塗りつぶしてもらいましょう。

　例・中学に入学したばかりの時、「適当に答えよ」という小テストの問題に適当に答えて低い点数をとってしまいました……。

　例・高校ではソフトボール部に所属していました。ですが、運動神経があまりよくなかったので、ソフトボール部で唯一運動神経が悪い部員でした。ソフトボール部に所属していたことで運動神経が良いと勘違いされることが多く、体育祭などで友達から期待されることがあったのですが、みんなの期待をいつも裏切っていました。

オススメ	自虐エピソード
☆	
☆	
☆	

◉2-3　「世間の目」から自分を見つめ直す

★TRY-15　世間の目から見たあなたは……

　日本人には、「どうせ私なんて……」と考える人が少なくありません。それは、社会が求める理想的な人物像と自分との距離にしか注目しないからです。実際には、そうした理想像も複数の要素やスキルから成り立っていますから、細かく分解して考えてみると、あなた自身に既に備わっているところもたくさん見つかるはずです。

　次の＜社会に求められる要素＞に照らして、それぞれの自己評価を〔　　〕に5段階で表してみましょう（5= 人よりもかなり自信あり、4= 人よりも少し自信あり、3= 人並み、2= 人並みにはやや及ばない、1= 人並みまではるかに及ばない）。次に、そうした要素に関わる具体的なエピソードも併せて記入しましょう。あなたにしかない独自の経験を選ぶとよいでしょう。

　また、書き込んだ内容を誰かに確認してもらい（もしくは **TRY-16** のグラフだけを頼りに質問してもらい）、「あなたの強み」「アピールすべき！」「他の人にない！」と思える要素の☆を塗りつぶしてもらいましょう。

　例　④継続力／〔 5 〕

・高校1年生の夏から現在まで、3年以上ファストフード店でのアルバイトを続けています。辞めたくなったとき（クレームが集中して自信がなくなったときや人間関係が悪くなったとき）は、先輩や仲間に支えられながら、どうすれば乗り越えられるかを本気で考えて何とか続けて来られました。今では次期アルバイトリーダーの話も出ています。

オススメ	社会に求められる要素	自信の度合いとエピソード
☆	①積極性 自分から進んでやってみようという一歩踏み出す精神は、社会からも高く評価されます。	〔　　〕
☆	②協調性 社会では人と人とが協力する場面ばかりです。人とスムーズに連携できる人は魅力的に映ります。	〔　　〕
☆	③計画性 締め切りを守り目標を達成するためには、適切な計画とその通りに実行することが不可欠です。	〔　　〕

オススメ	社会に求められる要素	自信の度合いとエピソード
☆	④継続力 一つの物事を粘り強く続けている人は、忍耐力があるという評価を受け、仕事の上でも期待されます。	〔　　　〕
☆	⑤傾聴力 コミュニケーションの基本は相手の話を聞くこと。これが良好な人間関係につながっていきます。	〔　　　〕
☆	⑥発言力 社会では、新しいアイデアや意見が求められる場が多々あります。自分の考えを示す力も重要です。	〔　　　〕
☆	⑦論理的思考力 感情的、表面的な判断ではなく、物事を論理的に整理し、考えを深めることも社会では求められます。	〔　　　〕
☆	⑧独創的発想力 それまでにない斬新なアイデアを生み出す柔軟な発想力に対しても、社会から強いニーズがあります。	〔　　　〕
☆	⑨メンタルの強さ 挫折したときに立ち上がれる精神的強さや自分自身の心理的な管理力も社会人には求められます。	〔　　　〕
☆	⑩マナー・気づかい 他社に対して温かい気づかいができること。マナーを心得ていることも、社会の中でキラリと輝きます。	〔　　　〕

★TRY-16　自己評価バランスチェック

　TRY-15 で自己評価した数値をスパイダーグラフの形にしてみましょう。あなたの社会的評価ポイントのバランスを視覚的に確認することができます。

　外側に広がったところが、特にアピールすべきポイントです。逆に内側に凹んで見える部分はウィークポイント。まずはそうした弱い側面があるということを自覚しましょう。次に、それらを克服する取り組みやカバーするための工夫も重要です。そうできることが、自己理解の深さをアピールすることにもつながります。

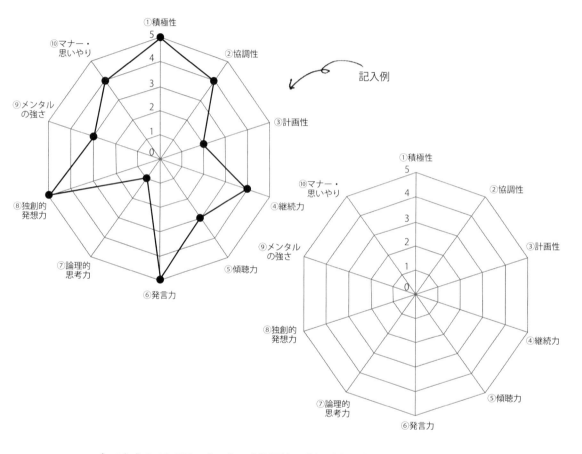

✧ これらの 10 項目の中でも、②協調性、⑤傾聴力、⑩マナー・思いやりといった要素には多分に他者の存在が関わります。このため、例えば「私には協調性があります」のようにアピールすると、それは独りよがりの評価と映ってしまい、かえって「協調性がないのでは……？」という疑問を抱かせる結果になりかねません。こうした要素については、「自分一人でなく、人と協力して物事を作り上げることが好き」「人と協力して物事を作り上げることを楽しむことができる」のように、自分自身が好んでとる行動や、心掛けていることとして紹介することで、「独りよがり」という印象が薄らぎます。表現方法を工夫してみましょう。

◎2-4　キャッチフレーズでインパクト強化

★TRY-17　コマーシャルから秀逸キャッチコピー収集

　私たちが日々触れるコマーシャルには、短い言葉で商品やサービスの特徴を的確に表すキャッチコピーが効果的に使われています。良いキャッチコピーは、人々の関心を誘い、その商品やキャッチコピー自体を記憶に焼き付けます。最近のコマーシャルや広告、ポスターなどから、面白いキャッチコピーや心誘われる言い回しを探してみましょう。

 例

- ・タワーレコード「NO MUSIC, NO LIFE」
- ・エビスビール「エビス。ちょっと贅沢なビールです」
- ・カルピス「からだにピース」
- ・JR東海「そうだ、京都行こう」

商品・企画・人名	キャッチコピー
①	
②	
③	
④	
⑤	
⑥	
⑦	

他者

★TRY-18　穴埋めで即席キャッチフレーズづくり

　次の空欄を埋め、あなたらしさが詰まったキャッチフレーズを創ってみましょう。

　また、あなたをよく知る人に作成したキャッチフレーズを確認してもらい、オススメのキャッチフレーズの☆を塗りつぶしてもらいましょう。

例　（　あきらめよう、しかし5分後再開　）女子

　　（　負けるな　）・（　しょげるな　）・（　早く寝ろ　）

オススメ	キャッチフレーズ
☆	（　　　　　　　　　　　　　　　　　　　　　　　） 男子 or 女子
☆	（　　　　　　　　　　　　　　　　　　　　　　　） BOY or GIRL
☆	僕 or 私の人生、（　　　　　　　　　　　　　　　　） さえあれば大丈夫
☆	（　　　　　　　　）・（　　　　　　　　）・（　　　　　　　　）

★TRY-19　キャッチフレーズにあなたらしさを込めて

　あなたの特徴や信念、モットーを短い言葉で表してみましょう。次の例や、**TRY-17** で調べたキャッチコピーも参考に、一部を変えて自分流にアレンジするなどしてみましょう。

　また、あなたをよく知る人に作成したキャッチフレーズを確認してもらい、オススメのキャッチフレーズの☆を塗りつぶしてもらいましょう。

[例]　・「裏よりも正面から、斜めよりもまっすぐに」
　　　・「A 型としか言われないコツコツ型 B 型人」
　　　・「誰とでも好相性　豆腐的協調性」
　　　・「何より行動！　頭よりも足で考える女」

ラフ

※アイデアのメモ

オススメ	キャッチフレーズ
☆	
☆	
☆	
☆	
☆	

✦ 最初からプロのコピーライターのようなキャッチコピーを目指すと、残るのは苦しみや落胆のみで、何も生み出せないということになりかねません。まずは質より量です。数多く作ることを目指してください。また、日々の生活の中でも目に留まる言い回しやひらめきがあるはずです。その場ですぐに書き留めないことには記憶から消え去ってしまいます。巻末付録の「思い付きメモ」やスマートフォンのメモ機能などを活用してください。

Point

2-5　新生自己紹介で力だめし

★TRY-20　あなたの自己紹介全力版〜内容編〜

1分程度であなたのことをしっかりと分かってもらえるように自己紹介を求められたら、あなたはどのようなことを話しますか？　1章で捉えられたあなたらしさや、この章で得られたリクエストの内容、エピソードや社会的に評価される側面、キャッチフレーズなどを用いて、箇条書きで挙げてみましょう。

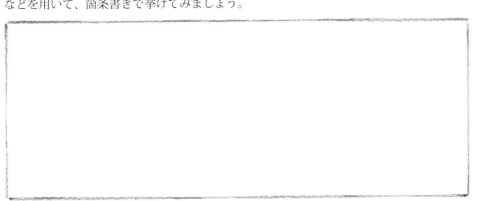

熟考

✦ TRY-20 で挙げた中で、普段の自己紹介として書き出した TRY-10（17頁）の内容にない項目を○で囲んでみましょう。普段の自己紹介は、あなたが学校や会社に提出した資料などにも書いてあることではないでしょうか。○を付けた内容にこそ、あなた自身でなければ知らないことが含まれているはず。実は、そうした部分を周りの人たちは知りたいと思っているのです。

Point

★TRY-21　あなたの自己紹介全力版〜態度編〜

あなたのことをしっかりと分かってもらえるように自己紹介するように言われたら、あなたはどのような態度で自己紹介に臨みますか？　声や姿勢などに注目して書き出してみましょう。

熟考

★TRY-22 全力版自己紹介フィードバック

あなたをあまり知らない人に対して、**TRY-20** と **TRY-21** で考えた全力版の自己紹介を披露してください。 1章の **TRY-2**（11頁）の表中（1）〜（20）からあなたの印象に当てはまるものを選んで口頭で答えてもらい、以下の欄にメモしましょう。複数の人から答えてもらえる場面では、グループ A・B のどちらかにかたよらないよう配慮して選んでもらいましょう。 ⇒ **TRY-2**（11頁）のグレーの欄に転記

他者

Point

✦ **TRY-2**（11頁）の表に集まった評価を眺めてみると、評価する人（自分・他者・親しい人）や表現の仕方によって、評価に大きな差異が生じることが分かるでしょう。自分を理解することは難しいものですが、少しだけ視野を広げて自分を俯瞰してみると、自分についてより饒舌に表現できるようになります。

column

① コミュニケーションの定義

　コミュニケーションという言葉はすっかり日常語になっていますが、英語では、communication と綴ります。ラテン語の「共通」を意味する commun(is) を語幹に含み、元々の意味は「共通なものとする」。それが発展して「人間と人間との間に共通性をうちたてる行為全般」を意味するようになったとされます（井口、1982）。

　私たちは人と関わる行為の方に目を向けがちですが、その「共通性」という部分にこそ立ち返るべきなのかもしれません。一見「コミュニケーション」のようでも、お互いの間に何も共通性を生み出さない行為、言い換えれば、何も分かち合われるもののない行為も多いからです。ここで考えたいのは、コミュニケーションには必ず何らかの記号が関わるということ。言葉であれ、表情であれ、何らかの記号を介さなくては成立しません（下図参照）。インターネットを筆頭にコミュニケーションの手段が多様化・複雑化している現代においては、改めてこの記号化と解読化の過程を意識して、丁寧なコミュニケーションを心がけたいものです。

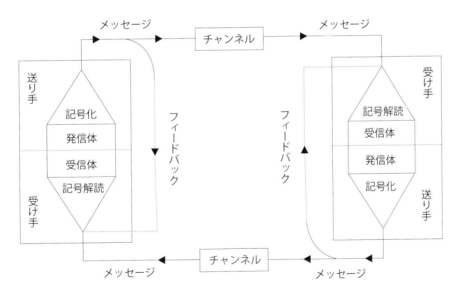

コミュニケーションのプロセスモデル（竹内、1973）

〔引用文献〕
　井口大介『人間とコミュニケーション』一粒社、1982
　竹内郁郎「社会的コミュニケーションの構造」内川芳美・岡部慶三・竹内郁郎・辻村明編『講座現
　　代の社会とコミュニケーション1 基礎理論』東京大学出版会、1973、pp.105-138

3

良い会話の秘訣は聴き方にあり

　「良い会話」とはどのような会話でしょう？　面白い話題がたくさん出てくる会話でしょうか。自分の言いたいことをじっくり聞いてもらえる会話でしょうか。

　会話は聞く人と話す人によって成り立っています。また、聞く・話すが繰り返されることで成り立ってもいます。でも、そこで行われていることは「聞く」と「話す」だけではありません。じっくり捉えていくと、「伝える」「受け止める」「共有する」といったことも生み出されていることに気付きます。普段の何気ない会話について、普段にない深さと真剣さで考えてみましょう。

◉3-1　会話中のあなたは……

★TRY-23　会話を楽しむ3分間

　クラスメイトや友人、家族などをパートナーに、3分間を計って会話してみましょう。パートナーから聞いたことは、巻末付録の「インタビューメモ」に書き留めましょう。会話に当たって注意する点は次の通りです。

　　＜ルール＞　① 挨拶・自己紹介からスタート　②「話す」「聞く」のバランスを均等に
　　　　　　　　③ 3分間お互いに楽しく

✦「＜ルール＞③3分間お互いに楽しく」を守るためにどのような点に注意したでしょうか。
　会話の中で意識したことを書き出してみましょう。ちょっとした心がけによる行動の変化
　が会話を温めることに気が付くでしょう。

ラフ

★TRY-24　一言フィードバック

人と会話をする場面はたくさんあっても、自分に対してどのような印象を持ったかを聞ける機会は多くありません。

会話を終えたら、巻末付録の「一言コメントフォーム」にパートナーから一言コメントをもらいましょう。正確な第一印象を聞けるのは初めて話した直後だけです。機会を逃さずコメントをもらいましょう。

<ルール>　① お互いにこの本を交換して、日付と短いコメント、名前を記入

　　　　　② マイナス面よりも良かったところや関心を持ったことに注目

★TRY-25　オノマトペフィードバック

あなたは周りの人からどのように見られているのでしょうか。オノマトペ（擬音語・擬態語）ならば、直感的な印象が伝わるかもしれません。一言コメントと同時に、巻末付録の「オノマトペコレクション」の人型の中にあなたの印象を表すオノマトペをいくつでも書き入れてもらいましょう。

Point

✧「オノマトペコレクション」には、自分自身で書き出した 15 頁のオノマトペ（**TRY-8**）とは異なる表現が集まるかもしれません。多くの人にあなたを表すオノマトペを尋ねていくと、あなた自身のイメージを直感的に捉えることができるようになります。また、あなた自身も人を表現するオノマトペの語彙を意識的に増やし、積極的にフィードバックしていきましょう。

◎3-2　コミュニケーションの原点

★TRY-26　コミュニケーションとは

コミュニケーションとはどのようなことだと思いますか？　あなたの考えをラフと熟考の二段階で書いてみましょう。

ラフ

熟考

★T<small>RY</small>-27　みんなで考えるコミュニケーション

TRY-26 をもとにコミュニケーションとはどのようなことなのかを周囲の人と話し合い、出てきた意見を書き留めましょう。それぞれの意見を確認したら、さらに意見交換を重ねてコミュニケーションに対する考えを深めてみてください。

✧ コミュニケーションとは何なのでしょうか。3章のここまでに実践したような会話や交流のことを指すように感じられますが、コミュニケーションの語源を知ると、その根幹にある大切なことに気付かされます。27頁の**コラム①**から、コミュニケーションの原点についても考えてみましょう。

🍥 3-3　「聞く」「話す」を大解剖

★T<small>RY</small>-28　あなたの聞き方・話し方

会話の際には、聞く側にも話す側にもなります。あなたの聞き方の特徴は？　話し方の特徴は？　会話の際の様子を振り返って、細かなことも書き出してみましょう。

聞き方	例）よく相手の目を見ている
話し方	例）一度話し出すと止まらない

★TRY-29　聞き方・話し方フィードバック

あなたの聞き方や話し方の特徴について気付いた点を、言葉を交わした周りの人から書いてもらいましょう。

聞き方	
話し方	

★TRY-30　聞き上手・話し上手代表選出

あなたが思う聞き上手な人、話し上手な人にはどのような特徴があるでしょうか？テレビ番組のインタビュアーや芸能人、身近な友人・家族など、特定の人を思い出して、じっくり分析してみましょう。人からの意見もメモしましょう。

	代表的人物	特　徴
聞き上手		
話し上手		

他者

✧ 聞く場面では、ただ相手の声を受けるだけ、話す場面では、ただ声を出すだけ。実際の「聞く」も「話す」もそう単純なものではなく、話し手や聞き手に向けた様々な反応が自分から出ていたことに気付いたことでしょう。特に普段の会話では、聞き手こそがキーパーソンです。相手の話を積極的に受け止める聞き方、積極的傾聴（アクティブリスニング active listening）を実践することで、自分も相手もより深く会話を楽しむことができるようになります。**コラム②**(40頁)の内容を参考に、より良い聴き方のポイントを書き出してみましょう。

ラフ

◎3-4 「聞く」から「聴く」へ

★TRY-31 条件付き会話の実践①〜笑顔禁止・あいづち禁止〜

次のテーマとルールで、できる限り会話を続けてみましょう。その際どんな気持ちになったか、会話は盛り上がったかなど、感想や気付いたことを以下の欄に記入してください。

　　＜テーマ＞　「旅行に行くならどこ？」（2分間）

　　＜ルール＞　① 笑顔禁止

　　　　　　　　② あいづち禁止

ラフ

★TRY-32 条件付き会話の実践②〜顔と身体だけで反応する〜

聞き手となっているとき、あなたの顔や身体はどのくらい反応しているでしょうか。顔や身体からのメッセージだけで話し手を安心・納得させることができるとしたら、もう怖いものなしです。ここでは、言葉を発する話し手と声を出さずに応える聞き手の二役を交替で体験して、会話を楽しみましょう。会話がスムーズに続いたか、どうすればより良い反応になるかなど、気付いた点は次の欄にメモしましょう。

　　＜テーマ＞　好きなテレビ番組・ネット動画（2分間）

　　＜ルール＞　① 聞き手は声出し禁止（話し手は制限なし）

　　　　　　　　② 聞き手は声を出せない分、顔と身体を使って積極的に反応

　　　　　　　　③ 話し手は聞き手の反応に応じて話を継続

ラフ

★Try-33　開かれた質問・閉ざされた質問

「聞いている」ということを相手に対して積極的に示すことができるようになったら、今度は質問に目を向けてみましょう。質問には次の2つの種類があります。

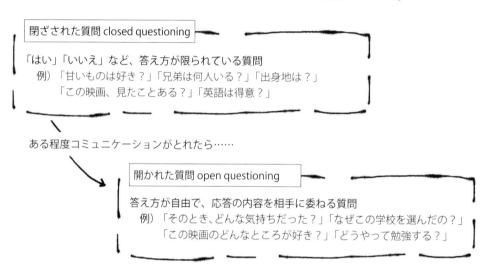

閉ざされた質問 closed questioning

「はい」「いいえ」など、答え方が限られている質問
　例）「甘いものは好き？」「兄弟は何人いる？」「出身地は？」
　　　「この映画、見たことある？」「英語は得意？」

ある程度コミュニケーションがとれたら……

開かれた質問 open questioning

答え方が自由で、応答の内容を相手に委ねる質問
　例）「そのとき、どんな気持ちだった？」「なぜこの学校を選んだの？」
　　　「この映画のどんなところが好き？」「どうやって勉強する？」

Point

✧ 初めて話す人や自分からあまり積極的にしゃべりたがらない人の場合には、「閉ざされた質問」の方が負担にならないかもしれません。逆に、ある程度コミュニケーションがとれた後の人ならば、「開かれた質問」の方が会話が盛り上がり、相手についてより深く知ることができます。とはいえ、開かれた質問の場合でも、相手への伝わりやすさや相手の答えやすさに配慮する必要があります。どのような点に気を付けたら良いか、以下の欄に書き出してみましょう。

★Try-34　良い質問の条件

　良い質問は相手に対する関心や理解を正しく相手に伝えてくれます。就職面接でも講演会でも、最後には「質問はありませんか？」と確認されるのが常。良い質問が出ると尋ねられる側は嬉しいものです。

　しかし、とりあえずの質問では逆に評価を下げることになりかねません。相手にとっても自分にとっても良い質問となるよう、以下の4箇条を意識してみましょう。

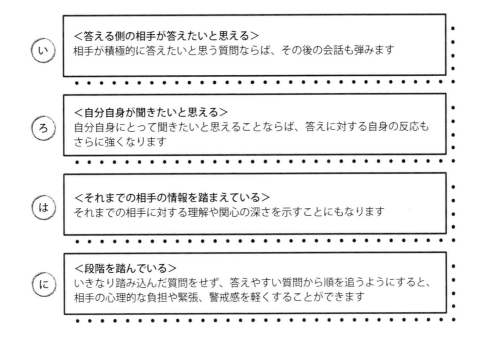

い　＜答える側の相手が答えたいと思える＞
相手が積極的に答えたいと思う質問ならば、その後の会話も弾みます

ろ　＜自分自身が聞きたいと思える＞
自分自身にとって聞きたいと思えることならば、答えに対する自身の反応もさらに強くなります

は　＜それまでの相手の情報を踏まえている＞
それまでの相手に対する理解や関心の深さを示すことにもなります

に　＜段階を踏んでいる＞
いきなり踏み込んだ質問をせず、答えやすい質問から順を追うようにすると、相手の心理的な負担や緊張、警戒感を軽くすることができます

★Try-35　聴き上手セルフチェック

　いくら積極的に相手の話を聞いているつもりでも、それが相手に伝わらなければ良い循環は生まれません。以下のチェックリストであなたの「聴く態度」を確認しましょう。できていないと感じたところは、意識して実践を！

【基本意識】□ 会話の相手に対して「知りたい」という関心を持っている
　　　　　　□ 相手の言葉をしっかり受け止め、相手の表情や態度を捉えようとしている
【基本態度】□ 顔だけでなく身体ごと相手の方に向けている
　　　　　　□ 相手の方に向けて若干前傾姿勢で聞いている
　　　　　　□ 相手の目を見ている
　　　　　　□ 相手の話に合わせて自分の表情が変化している
【基本反応】□ 話の内容に合わせて、うなずきやあいづちで反応している
　　　　　　□ 短い感想や「もっと聞きたい」という気持ちを伝える言葉を示している

　　　　　　□ 相手の言葉を繰り返したり、言い換えたりして理解したことを示している

【質　　問】□ 積極的に質問して相手の話をさらに引き出している

　　　　　　□ 質問の形式（開いた／閉じた質問）や質問の内容など、相手の答えやすさ
　　　　　　　に配慮している

【締め括り】□「楽しかった！」「話せて良かった！」「また話したいね」など、次につな
　　　　　　　がる言葉を添えている

★TRY-36　アクティブリスニングの実践

　「つまらない」「興味ない」というメッセージは、会話を一気に冷やしてしまいます。
TRY-31（33頁）のような、「笑顔なし・あいづちなし」がまさにマイナスのメッセージ。
言葉ではない要素が、会話の行方と互いの気持ちを大きく動かします。

　今度はプラスのメッセージを思い切り伝えて、積極的傾聴（アクティブリスニング）に
よる会話の印象の変化を確認しましょう。気付いたことは下の欄にメモしてください。

　　＜テーマ＞　好きな食べ物・嫌いな食べ物（3分間）

　　＜ルール＞　① 「話す」「聞く」のバランスを均等に

　　　　　　　　② 相手の方に身体を向け、アイコンタクトをとる

　　　　　　　　③ 話題に合わせて表情を変化させ、積極的に笑顔を見せる

　　　　　　　　④ 「続きは？」「それ、すごいね！」などの言葉を挟む

　　　　　　　　⑤ 相手の答えやすさに配慮しながらたくさん質問する

　　　　　　　　⑥ 3分間が終了したら、「楽しかった」「面白かった」「また話したい」な
　　　　　　　　　ど最後に短い感想を伝える

ラフ

◎3-5　話し下手からの卒業を目指して

★TRY-37　困ったときにはこんな話題

　あまり親しくない人と話す場面は少なくありません。学校の友達なら、学校であった出
来事などをすぐに話題にできますが、初めて話す人や、たまたまバスを一緒に待つことに
なった人とはどのようなことを話しますか？　相手の年代と性別ごとに考えてみましょ
う。また、周囲の人の意見も集めてみましょう。

	同　性	異　性
同年代		
年上		

他者

★Try-38　話題のいろいろ

　誰でもある程度共有できる話題は、「木戸に立てかけし衣食住」として頭文字がまとめられています。自分自身の普段の会話では、どのような話題を自分から提示することが多いでしょうか。以下の中から、よく話題としている項目に○を付けて自分の傾向を分析してみましょう。また、周囲の人の協力を得て、あなたが得意な話題の☆を塗りつぶしてもらいましょう。

自己チェック	他者チェック	読み	項　目	内　容
○	☆	キ	気候・季節	季節ごとの気候や風物、景色、年中行事などに関する話
○	☆	ド	道楽	趣味や好きなもの、関心のあることに関する話
○	☆	ニ	ニュース	ニュースやスポーツ、芸能関係などの話
○	☆	タ	旅	旅行先や旅行計画の話
○	☆	テ	天気・テレビ	天気や気温、テレビ番組に関する話
○	☆	カ	家族・家庭	自分の家族・家庭に関する話

自己チェック	他者チェック	読み	項　目	内　　容
◯	☆	ケ	健康	自分の健康状態や健康法、健康グッズなどに関する話
◯	☆	シ	仕事	仕事や学校に関する話
◯	☆	衣	ファッション	着ている服や服の好み、トレンドのファッションに関する話
◯	☆	食	食べ物	好きな食べ物、食べた物など、食に関する話
◯	☆	住	住まい	住んでいる所や出身地、住環境に関する話

★TRY-39　話し上手研究

　TRY-38 では話題について考えてみましたが、「わたし、面白い話題なんてないし……」と思う人は多いようです。ただ、考えてみたいのは話題の問題なのかという点です。人気のお笑い芸人が大爆笑を誘うネタを一言一句まねしたとしても、全く面白くなりませんし、笑いもとれません。これはなぜなのでしょうか。

　TRY-30（32頁）の話し上手代表の特徴も踏まえ、周囲の人と話し合ってみましょう。

✧ 小説を読んだときと、ドラマ化されたときとで作品の印象が全く違ったという経験はないでしょうか。同じセリフであっても、実際にそのセリフが声になる段階では必ずその声の持ち主による表現が伴います。この表現の部分にどのような要素が含まれるのかを考えると、話し上手につながる要素に行き当たるはずです。日常的な会話では、こうした要素が聞き手に配慮したものか、聞き手に伝わりやすいものかどうかで、相手の反応は大きく変化していきます。話し手としてあなた自身が気を付けたいポイントを次の欄に挙げてみましょう。

Point

ラフ

★TRY-40　話し下手セルフチェック

　話し手として自信のない人は、話題の広げ方よりも、次のような「話し下手」要素から卒業することが重要です。当てはまるものにチェックを入れ、→のコメントのように心がけてみましょう。

□ 一人で話し続ける　　　　　　→話す・聞くが均等になるようにバトンタッチを

□ 声に抑揚がない　　　　　　　→意識的に声の高低を工夫してみましょう

□ 声が小さい　　　　　　　　　→聞き取りやすい声の大きさに

□ 話題に応じて表情が変化しない　→表情をやや強調するつもりで

□ 身振り手振りが全くない　　　→やや大げさに身振り手振りしてみましょう

□ 聞く側の反応に全く関心がない　→聞く人も自分も楽しく、という意識を

★TRY-41　良い会話とは

　ここまで、聞く・話すといった側面から会話について考え、条件付きの会話にも取り組んできました。「良い会話とは何か」という問いに対して、あなたなりの考えが生まれたかもしれません。

　良い聞き手（聴き手）は、決して聞くことに徹しているわけではありません。良い話し手とは、決して話題が豊富ということではありません。会話は相手があって初めて成り立つものであるということを前提に、「良い会話とは何か」を以下にまとめてみましょう。

熟考

② 積極的傾聴 Active Listening

3章では、聞き方や話し方について考えました。自分自身の聞き方についても気付いたことがたくさんあるでしょう。じっと耳だけを働かせて聞くということはむしろ難しいことで、私たちは全身を使って相手の話を聞いています。

「傾聴^{けいちょう}」という言葉を聞いたことはあるでしょうか。日常的にも使われる言葉ですが、「傾」という漢字が示すように、耳も身体も心も相手に傾けて熱心に話を聴くことを言います。心理カウンセリングにおいても、「積極的傾聴（active listening)」として、こうした姿勢は非常に重視されます。臨床的なカウンセリングを行うためには、専門的なトレーニングを重ねる必要がありますが、ベースには次の表のような傾聴技法があります。表中の「クライアント」とはカウンセリングを受ける患者、来談者を指す言葉ですが、これを「相手」と置き換えて読んでも何ら違和感がないことに気付くことでしょう。私たちが日常的に示している反応も、専門的な視点で見ると、このような細かな技法に分解することができるのです。

とはいえ、会話の中心に置くべきは、技法ではなく相手。カウンセリングの手法にも学びながら、その時、その場の相手に合った、あなたなりの聴き方を工夫してみましょう。

傾聴の技法

第1技法 「受容」技法	クライアントの身になること。評価的でないフィードバックをすること。 　例）「そうですね」「なるほど！」「うん……うん」とうなずいたり、あいづちを打ったりする。「それから（それで）」と促す。
第2技法 「繰り返し」技法	クライアントの発した言葉（単語、短文）を言って返すこと。 　例）「何とかここに来たんですね」「ホッとするんですね」
第3技法 「明確化」技法	クライアントがうすうす気付いていることを言語化して、自分の気持ちと対決させること。感情の明確化、事柄の明確化の二種類がある。 　例）「後悔しているのね」（感情の明確化） 　　　「新学期が始まってバタバタしているのですね」（事柄の明確化）
第4技法 「支持」技法	クライアントの言動に賛同を表すこと。 　例）「私もそうしたいと思います」「それはよかった」「大変でしたね」「あなたがそう思うのは当然ですよ」
第5技法 「質問」技法	クライアントの思考・行動・感情について問いかけること。 　例）「外は寒いですか」「いつ頃からですか」「これからどうするつもりですか」「人に誤解されるのはどういうわけですか」

※ 諸富（2011）をもとに作成

〔引用文献〕
諸富祥彦 編『人生にいかすカウンセリング──自分を見つめる 人とつながる』有斐閣、2011

他己紹介で意識改革

　私たち日本人の苦手なことの一つに、「自分自身の良さを認めること」があります。1、2章のTRYを経て、少しはあなた自身の魅力が分かってきたかもしれませんが、それを真正面からアピールすることは恥ずかしい、できれば避けたいという気持ちがあるのではないでしょうか。

　そこで、「人の力を借りてみよう」というのがこの章の趣旨です。人の良いところをアピールしながら、自分の良いところを人からアピールしてもらうことで、プレゼンテーション技術と相互交流の方法の両方を磨いていきましょう。

◎4-1　やってみよう！　他己紹介

★TRY-42　インスタント他己紹介

　他己紹介とは、自分以外の誰かを他人に紹介することです。家族や友達など、あなたがよく知る誰かを準備なしに紹介してみましょう。ここでの他己紹介は、次の内容を原則とします。

　＜ルール＞

① 時間は1分間とします。1分±5秒（55秒から1分05秒）を目指しましょう。

② 1分間の計測は、名前、所属程度の簡単な自己紹介と「○○さんを紹介します」という宣言の後からスタートしましょう。

③ その人の魅力をしっかりアピールしましょう。

④ 同年代だけでなく、社会的にも高く評価されるようにアピールしましょう（TRY-15：20頁参照）。

★TRY-43　インスタント版と熟考版比較

　TRY-42 の他己紹介では、1 分の中でどのようなことを取り上げましたか？　箇条書きで書き出した上、その人の魅力をより深く知らせるためにどのような内容をどのような方法で伝えるべきか、熟考してみましょう。

ラフ

・紹介した人物（　　　　　　　　　　　　　　　　　　　　　　　）

熟考

Point

✧ 他己紹介してみると、相手をよく知らないことには、その人を表現する言葉がうまく出て来ないことに気付きます。また、たとえその人についてよく知っていたとしても、内容の取捨選択や順序の整理、表現方法の洗練が必要であることも分かるでしょう。熟考した内容の中で、「ここがその人らしい」と思うポイントを○で囲んでみましょう。

◉4-2　一流インタビュアーをまねて

★TRY-44　パートナーにロングインタビュー

　ここからの TRY では、1 分間での他己紹介を極めることに集中します。既に知っている人でも構いませんが、全く知らないところから情報を積み上げていくのもおすすめです。

　3 章の内容を参考に、良い質問を意識しながら良い聴き手となって他己紹介のパートナーにインタビューしてみましょう。その人の独自性が感じられる要素やエピソード、あなた自身がその人から感じ取った印象などは、他己紹介の際に大いに役立ちます。積極的にメモをとりましょう。

・パートナー氏名

・パートナーの所属

・パートナーの基本情報

・パートナーにさらに聞いてみたいこととその答え

・パートナーの印象やその変化

★TRY-45　パートナーのエピソードコレクション

　２章で学んだように、より具体的な内容が含まれている方が、その人の魅力をよく捉えることができます。パートナーが経験した実際のエピソードについても積極的に質問してみましょう。

・パートナーの自虐エピソード

・パートナーが「自分を褒めたい」と思ったエピソード

・パートナーが「自分って変人？」と思ったエピソード

・パートナーが「自分史上最高の成長」を感じたエピソード

・パートナーが「自分の○○音痴」を感じたエピソード

★TRY-46　パートナーの魅力の整理

　インタビューで聞き出したことの全てが魅力的に感じたとしても、1分の間にその全て
を紹介することはほぼ不可能です。**TRY-44** や **TRY-45** のインタビュー記録の中から特に
アピールしたい点2つを○で囲み、エピソードやより具体的な内容とセットにして書き
出してみましょう。さらに、その人らしさが含まれる要素5つを吹き出しに書き入れて、
パートナーの魅力全体を見渡せるようにしてみましょう。

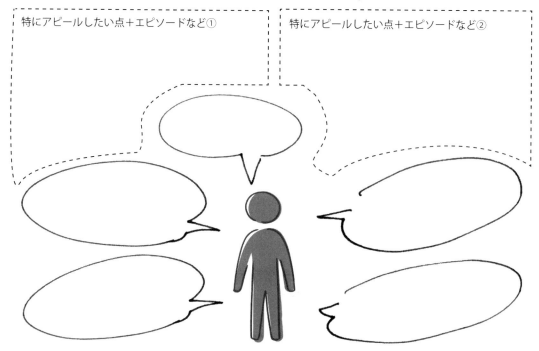

特にアピールしたい点＋エピソードなど①

特にアピールしたい点＋エピソードなど②

◉4-3　名プロデューサーのつもりで

★TRY-47　キャッチフレーズで強力アピール

通じてパートナーの魅力が整理できたでしょうか。今度はその魅力を言い表
は、その魅力の説明につながるようなキャッチフレーズを練ってみましょ

パートナーに確認してもらい、お気に入りのキャッチフレーズの左欄
らいましょう。

き猫（しゃべり出したら止まらないところと、廃部寸前だった部活や
女が入った後から見事に再生したことをアピール）

フレーズ	理　由
♡　③	
♡　④	
♡　⑤	

★TRY-48　1分間プレゼンテーションの構想

パートナーをより魅力的に紹介するためには、内容の順序や時間配分も重要です。次の
欄にまとめた上、紹介の順序や各要素に充てる時間のバランスなどを考えてみましょう。

キャッチフレーズ＜

	要　点	具体的な紹介内容
冒頭		
中盤		
締め括り		

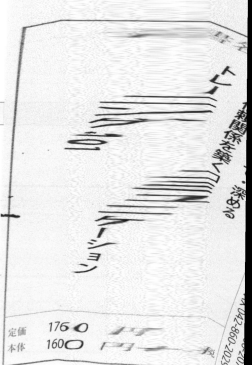

★TRY-49　紹介内容のセルフチェック

　パートナーの紹介内容はだいたい固まってきたでしょうか。パートナーのどのような側面に注目するかによって、パートナー自身の見え方も全く異なるものになります。パートナーとのやり取りを重ねたあなただからこそできる他己紹介になっているかどうか、次のチェックリストで確認してみましょう。

□ パートナーの魅力の中でも、特に他の人にない要素に注目している
□ パートナーの魅力の中でも、社会から求められる要素や関心が集まりそうな要素
　を取り上げている
□ パートナーの特徴だけでなく、その特徴を表すようなエピソードなどが含まれて
　いる
□ 血液型は△型、出身地は○○県、好きな食べものは××のように、基本的な情報
　の羅列になっていない
□ パートナーとの交流から感じた印象やパートナーに対する思いなど、あなた自身
　の気持ちが含まれている
□ 全体のまとまりがあり、スムーズな流れができている

★TRY-50　手作りアピールシート

　パートナーのアピールの一アイテムとして、アピールシートを作成してみましょう。準備するものはA4のコピー用紙1枚と筆記用具、そして、パートナーに関する情報だけ。あなたのアイデアと努力次第で、ただのA4の白紙が強力なアピール素材に変わります。

パートナーの氏名 **キャッチ フレーズ**	パートナーの紹介内容メモ ・読み上げる原稿ではなく、 ・箇条書きで ・紹介するポイントを ・メモ程度に用意しましょう
表面	裏面

＜ルール＞

①イラストを描いても構いません。

②カラーペン、色鉛筆等で、見やすく装飾しましょう。

③シールや色紙、レースやリボン、写真や切り抜きなどを貼り付けても構いません。

④発表時に観客との距離があることを前提に、見やすさに留意して作成しましょう。

⑤発表終了後、パートナーにシートをプレゼントすることを考えて作成しましょう（他己紹介のパートナーが喜んでくれるようなものを作りましょう）。

✧ アピールシートでは、キャッチフレーズを前面に打ち出します。口頭で伝える内容もキャッチフレーズに触れるものとなっていなければ、折角のアイデアも台無しになってしまいます。全体の紹介内容を改めて見直し、キャッチフレーズを軸としてパートナーの魅力を具体的に伝えるものとなっているか、今一度点検してみてください。

◉4-4　魅力的なプレゼンテーションのために

★TRY-51　他己紹介リハーサル

　他己紹介はプレゼンテーションを以て完成します。いくら良い内容を用意していても、伝える態度によってはパートナーの魅力が全く伝わらないこともあり得ます。パートナーの専属プロデューサーになったつもりで、精一杯パートナーの魅力を伝える練習をしましょう。

　周囲の人から聞いてもらえる場合には、次の項目について5段階で評価してもらいましょう（5＝良くできている、4＝できている、3＝ふつう、2＝できていない、1＝全くできていない）。また、最後に総合評価（A＝優、B＝良、C＝可、D＝不可）とアドバイスももらいましょう。

回　数	1回目	2回目	3回目	4回目
時　間	分　　秒	分　　秒	分　　秒	分　　秒
a. キャッチフレーズやエピソードなど、印象に残る具体的要素が盛り込まれているか	／5	／5	／5	／5
b. 社会的に認められる要素をアピールできているか	／5	／5	／5	／5
c. パートナー独自の要素が前面に出ているか	／5	／5	／5	／5
d. 要素の羅列でなく、スムーズな流れができているか	／5	／5	／5	／5
e. 声の大きさは適切か	／5	／5	／5	／5
f. 話すスピードは適切か	／5	／5	／5	／5
g. 穏やかでにこやかな表情か	／5	／5	／5	／5
h. 聞いている人の方に目を配っているか	／5	／5	／5	／5
総合評価				

※左端列に縦書きで「評価項目」とある。

アドバイス

他者

Point

✦ 上の8つの評価項目のうち、a〜dは紹介内容そのものに関わるもの、e〜hはプレゼンテーションに関わるものとなっています。低評価となった部分を確認して、より良いプレゼンテーションのために意識することを以下の欄に書き出しましょう。

ラフ

★TRY-52　ブレインストーミングで改善

　学級会やミーティングなど、意見交換の場はこれまでにも数多く経験していることでしょう。でも、活発な意見交換ができたという感想が持てることはまれなのではないでしょうか。

ここでは、ブレインストーミング法（Brainstorming）を使って、グループで意見交換してみましょう。重要なのは、次の原則4箇条をメンバー全員が意識して守ること。メンバーの心がけ次第でグループ全体のムードも活発になり、良いアイデアもたくさん出るようになります。メンバーからの意見は、下のスペースに書き留めていきましょう。

＜テーマ＞　他己紹介のレベルアップ（パートナーをより魅力的にアピールするためにはどうしたらよいか）

＜制限時間＞　5分間（集中して取り組める時間は10分程度と言われています）

＜原則＞　①まずは量 *Go for quantity.*（アイデアの質は問いません。アイデアの量を増やすことこそ重要です）

②批判厳禁 *Withhold criticism.*（アイデアを出さないのは批判が怖いから。どんな意見でもお互いに批判しないことを約束します）

③求む、奔放意見 *Welcome wild ideas.*（粗削りなアイデア、突飛なアイデアも大歓迎。どんなアイデアも発言しましょう）

④アイデアの足し算OK *Combine and improve ideas.*（他の人の意見を足し合わせたり、改良したりすることで、アイデアを出しても構いません）

アドバイス・意見のメモ

ラフ

★TRY-53　早口言葉でウォーミングアップ

プレゼンテーションには、滑舌の良さも重要です。お腹から声を出すことを意識しながら、早口言葉でウォーミングアップしましょう。正確に言えなくとも構いません。間違ったところで止まらずに、思い切って大きな声を出しましょう！

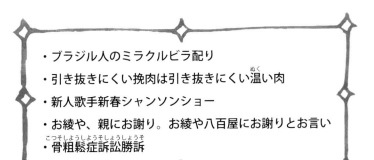

- ブラジル人のミラクルビラ配り
- 引き抜きにくい挽肉は引き抜きにくい温（ぬく）い肉
- 新人歌手新春シャンソンショー
- お綾や、親にお謝り。お綾や八百屋にお謝りとお言い
- 骨粗鬆症訴訟勝訴（こつそしょうしょうそしょうしょうそ）

★TRY-54　他己紹介発表会で総仕上げ

以下のルールを守って、ここまで練ってきた他己紹介の成果を互いに披露しましょう。観客となる場面では、次の欄に各発表のキャッチフレーズや評価（5＝良くできている、4＝できている、3＝ふつう、2＝できていない、1＝全くできていない）、時間を記入し、MVP候補となる発表の欄に○を付けておきましょう。また、全発表終了後にはMVPを選考して全体を振り返りましょう。

　＜ルール＞

① 時間は1分間とします。1分±5秒（55秒から1分05秒）を目指しましょう。

② 1分間の計測は、名前、所属程度の簡単な自己紹介と「○○さんを紹介します」という宣言の後からスタートしましょう。

③ パートナーの魅力をしっかりアピールしましょう。

④ 同年代だけでなく、社会的にも高く評価されるようにアピールしましょう（**TRY-15**：20頁参照）。

⑤ 要素の羅列でなく、キャッチフレーズからの流れができるよう意識しましょう。

⑥ **TRY-51**や**TRY-52**でもらったアドバイスの内容を意識して、より良いプレゼンテーションの実現を目指しましょう。

	MVP候補	紹介される人	キャッチフレーズ	内容	シート	発表態度	合計	時　間
1	○			／5	／5	／5	／15	分　秒
2	○			／5	／5	／5	／15	分　秒
3	○			／5	／5	／5	／15	分　秒
4	○			／5	／5	／5	／15	分　秒
5	○			／5	／5	／5	／15	分　秒
6	○			／5	／5	／5	／15	分　秒
7	○			／5	／5	／5	／15	分　秒
8	○			／5	／5	／5	／15	分　秒
9	○			／5	／5	／5	／15	分　秒
10	○			／5	／5	／5	／15	分　秒
11	○			／5	／5	／5	／15	分　秒

	MVP候補	紹介される人	キャッチフレーズ	内容	シート	発表態度	合計	時　間
12	○			／5	／5	／5	／15	分　秒
13	○			／5	／5	／5	／15	分　秒
14	○			／5	／5	／5	／15	分　秒
15	○			／5	／5	／5	／15	分　秒
16	○			／5	／5	／5	／15	分　秒
17	○			／5	／5	／5	／15	分　秒
18	○			／5	／5	／5	／15	分　秒
19	○			／5	／5	／5	／15	分　秒
20	○			／5	／5	／5	／15	分　秒
21	○			／5	／5	／5	／15	分　秒
22	○			／5	／5	／5	／15	分　秒
23	○			／5	／5	／5	／15	分　秒
24	○			／5	／5	／5	／15	分　秒
25	○			／5	／5	／5	／15	分　秒
26	○			／5	／5	／5	／15	分　秒
27	○			／5	／5	／5	／15	分　秒
28	○			／5	／5	／5	／15	分　秒
29	○			／5	／5	／5	／15	分　秒
30	○			／5	／5	／5	／15	分　秒

★TRY-55　良いプレゼンテーションのポイント

　より良いプレゼンテーションを目指すなら、良いと思った人を模倣することが第一歩です。魅力的だと感じたプレゼンテーションの内容や発表態度など、ポイントを書き出して次回に活かしましょう。

例　・プレゼンテーションしている人自身がその場を楽しんでいた。

　　・一本調子でなく、敢えて間をおくことで注意を引き付けていた。

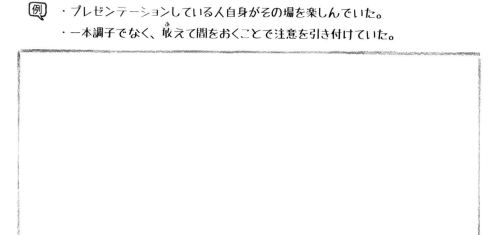

熟考

5

自分も相手もまず受け止めてみるところから

　コミュニケーションを円滑にするものの一つに、相手に対する信頼感や肯定感があります。さらに、自分自身に対する信頼感・肯定感もコミュニケーションのあり方を大きく左右します。言い尽くされたことのように思われるかもしれませんが、その影響は想像以上に強大です。

　ここで取り上げる信頼感は、「信じる」というよりも、「任せる」「受け止める」という気持ちの方にむしろ近いかもしれません。人間関係で悩んだときや迷ったときには、相手を受け止めて任せることができているか、自分自身を偽らずに受け止められているかを見つめ直してみましょう。

◎5-1　コミュニケーション力を分解すると……

★Try-56　社会から求められる対人コミュニケーションスキル

　企業の人事担当者が新入社員に求める能力として、しばしばコミュニケーション力が挙げられます。このコミュニケーション力とほぼ同義に扱われる場面のある言葉として、社会的スキル（ソーシャルスキル）があります。次頁の「社会的スキル尺度青年版」の18項目について、普段のあなた自身に当てはまるところの数字に○を付けてください。全ての回答が終わったら、○を付けたところの数字を足して合計点数を（　　　）に出してみましょう。

苦手ポイント	社会的スキル尺度青年版 (菊地、1988)	いつもそうだ	たいていそうだ	どちらともいえない	たいていそうでない	いつもそうでない
○	1. 他人と話していて、あまり会話が途切れないほうですか。	5	4	3	2	1
○	2. 他人にやってもらいたいことを、うまく指示することができますか。	5	4	3	2	1
○	3. 他人を助けることが、上手にやれますか。	5	4	3	2	1
○	4. 相手が怒っているときに、うまくなだめることができますか。	5	4	3	2	1
○	5. 知らない人とでも、すぐに会話を始められますか。	5	4	3	2	1
○	6. まわりの人たちとの間でトラブルが起きても、それを上手に和解できますか。	5	4	3	2	1
○	7. こわさや恐ろしさを感じたときに、それをうまく処理できますか。	5	4	3	2	1
○	8. 気まずいことがあった相手と、上手に和解できますか。	5	4	3	2	1
○	9. 仕事をするときに、何をどうやったらよいか決められますか。	5	4	3	2	1
○	10. 他人が話しているところに、それをうまく片付けることができますか。	5	4	3	2	1
○	11. 相手から非難されたときにも、それをうまく片付けることができますか。	5	4	3	2	1
○	12. 仕事の上で、どこに問題があるかをすぐに見つけることができますか。	5	4	3	2	1
○	13. 自分の感情や気持ちを、素直に表現できますか。	5	4	3	2	1
○	14. あちこちから矛盾した話が伝わってきても、うまく処理できますか。	5	4	3	2	1
○	15. 初対面の人に、自己紹介が上手にできますか。	5	4	3	2	1
○	16. 何か失敗したときに、すぐに謝ることができますか	5	4	3	2	1
○	17. まわりの人が自分とは違った考えをもっていても、うまくやっていけますか。	5	4	3	2	1
○	18. 仕事の目標をたてるのに、あまり困難を感じないほうですか。	5	4	3	2	1

合計点数（18 〜 90 点）	（　　　）点	
	18 〜 54 点	55 〜 90 点
注）ここでは 54 点を基準としますが、世の中の平均が 54 点であることを示すわけではありません。 〔出典〕菊池章夫『思いやりを科学する──向社会的行動の心理とスキル』川島書店、1988、p.199	□低社会的スキル傾向	□高社会的スキル傾向

✧ 54 点を境目とすると、あなたは社会的スキルが豊かな方でしょうか？　それとも、改善が必要でしょうか？　当てはまる方の□にチェックを入れた上、点数が 1 点もしくは 2 点だった項目の「苦手ポイント」の欄に〇を付けて目立たせてみましょう。社会的スキルの特徴に、学習可能であるということ、そして細かく分解できるということがあります。社会的スキルがない、コミュニケーション力がない、と大きくまとめて捉えがちですが、できていないポイントを知ることがスキル向上の大きな一歩になります。

★TRY-57　苦手ポイント克服のために

　人と関わっていく上で、あなたが特に苦手としているのはどのようなことでしょうか。先ほどの分析の中で、「苦手ポイント」として〇を付けた項目について、克服のための努力目標をそれぞれ以下の欄に掲げてみましょう。具体的な目標にすることで、克服の可能性も高まります。

　例　「項目 2」……人にやってもらいたいことを具体的に言えるように意識する
　　　　　　　　　　（3 回に 1 回から挑戦）

熟考

◉5-2　信頼感のかたち

★TRY-58　自分に対するあなたの信頼感

　自尊感情とは、自分の価値を受け止め、自分自身を尊重する気持ちを指します。次の10項目について、普段のあなた自身に当てはまるところの数字に○を付けてください。全ての回答が終わったら、○を付けたところの数字を足して合計点数を（　　）に出してみましょう。

自尊感情尺度（山本、松井、山成、1982） ※ Rosenberg（1965）による尺度の邦訳版	あてはまる	ややあてはまる	どちらともいえない	あまりあてはまらない	あてはまらない
1. 少なくとも人並みには、価値のある人間である。	5	4	3	2	1
2. いろいろな良い素質を持っている。	5	4	3	2	1
3. 敗北者だと思うことがよくある。	1	2	3	4	5
4. 物事を人並みには、うまくやれる。	5	4	3	2	1
5. 自分には、自慢できるところがあまりない。	1	2	3	4	5
6. 自分に対して肯定的である。	5	4	3	2	1
7. だいたいにおいて、自分に満足している。	5	4	3	2	1
8. もっと自分自身を尊敬できるようになりたい。	1	2	3	4	5
9. 自分は全くだめな人間だと思うことがある。	1	2	3	4	5
10. 何かにつけて、自分は役に立たない人間だと思う。	1	2	3	4	5
合計点数（10 ～ 50 点）	（　　　　　　　　　　　　）点				

注）ここでは 30 点を基準としますが、世の中の平均が 30 点であることを示すわけではありません。	10 ～ 30 点	31 ～ 50 点
〔出典〕山本眞理子・松井豊・山成由紀「認知された自己の諸側面の構造」 『教育心理学研究』30、1982、pp.64-68	□低自尊感情 傾向	□高自尊感情 傾向

✦ 30 点を基準とした場合、あなたの自尊感情は高い方でしょうか？ それとも、低い方でしょうか？ 当てはまる方の□にチェックを入れましょう。この結果はこの後の **TRY-60** での分析に必要です。

Point

★TRY-59 人に対するあなたの信頼感

今度は人に対する信頼感です。次の 17 項目について、普段のあなた自身に当てはまるところの数字に○を付けてください。全ての回答が終わったら、○を付けたところの数字を足して合計点数を（　　）に出してみましょう。

対人信頼感尺度 (堀井、槌谷、1995)	そう思う	ややそう思う	どちらともいえない	あまりそう思わない	そう思わない
1. 人は、基本的に正直である。	5	4	3	2	1
2. 人は多少よくないことをやっても自分の利益を得ようとする。	1	2	3	4	5
3. 人は、頼りにできる人がわずかしかいない。	1	2	3	4	5
4. 人は、ほかの人の親切に下心を感じ、気をつけている。	1	2	3	4	5
5. 人は、ふつう清く正しい人生を送る。	5	4	3	2	1
6. 人は、成功するためにうそをつく。	1	2	3	4	5
7. 人は、近ごろだれも知らないところで多くの罪を犯している。	1	2	3	4	5
8. 人は、ふつうほかの人と誠実にかかわっている。	5	4	3	2	1
9. 人は、だれかに利用されるかもしれないと思い、気をつけている。	1	2	3	4	5
10. 人は、ほかの人を信用しない方が安全であると思っている。	1	2	3	4	5
11. 人は、ほかの人に対して、信用してもよいということがはっきりとわかるまでは、用心深くしている。	1	2	3	4	5
12. 人は、口先でうまいことを言っても、結局は自分の幸せに一番関心がある。	1	2	3	4	5
13. 人は、ほかの人を援助することを内心ではいやがっている。	1	2	3	4	5

対人信頼感尺度 （堀井、槌谷、1995）	そう思う	ややそう思う	どちらともいえない	あまりそう思わない	そう思わない
14.　人は、自分がするといったことを実行する。	5	4	3	2	1
15.　人は、チャンスがあれば税金をごまかす。	1	2	3	4	5
16.　人は、他人の権利を認めるよりも、自分の権利を主張する。	1	2	3	4	5
17.　人は、やっかいなめにあわないために、うそをつく	1	2	3	4	5
合計点数（17〜85点）	（　　　　　　　　）点				

注）ここでは 51 点を基準としますが、世の中の平均が 51 点であること
を示すわけではありません。

〔出典〕堀井俊章・槌谷笑子「最早期記憶と対人信頼感との関係について」
『性格心理学研究』3、1995、pp.27-36

17〜51点	52〜85点
□低対人信頼 傾向	□高対人信頼 傾向

Point

✧ 51 点を一つの基準とした場合、人に対するあなたの信頼感は高い方でしょうか？　それ
とも、低い方でしょうか？　当てはまる方の□にチェックを入れましょう。この結果は
TRY-60 での分析に必要です。

★TRY-60　人生を左右する「基本的構え」

　先ほどの **TRY-58** と **TRY-59** の分析結果は、自分自身と人に対するあなたの信頼感を捉
える指標です。以下の中から当てはまるものの□にチェックを入れ、各構えの基本的傾向
を確認しましょう。

TRY-58　自尊感情	TRY-59　対人信頼感	信頼感のタイプ
低自尊感情傾向	低対人信頼傾向	□ 自他否定
低自尊感情傾向	高対人信頼傾向	□ 自己否定・他者肯定
高自尊感情傾向	低対人信頼傾向	□ 自己肯定・他者否定
高自尊感情傾向	高対人信頼傾向	□ 自他肯定

他者を肯定

I'm not OK, you're OK. **＜自己否定・他者肯定＞** ・人をうらやむ ・劣等感を持ちやすい	I'm OK, you're OK. **＜自他肯定＞** ・対人関係のバランスが良い ・対等
I'm not OK, you're not OK. **＜自他否定＞** ・マイナス思考 ・拒絶的	I'm OK, you're not OK. **＜自己肯定・他者否定＞** ・支配的 ・人の話を聞かない

自分を否定　　自分を肯定

他者を否定

✧ ここで挙げた 4 つの「基本的な構え」は、行動心理学や交流分析に基づいています。自分と他者に対する信頼感は、対人関係全てに、そして人生全体に影響します。自他肯定の姿勢、「I'm OK, you're OK」と受け止める姿勢を意識することで、**TRY-57** であなたが掲げた課題についても一気に状況が変わるかもしれません。

◎5-3　受け止めてみると何かが変わる？

★TRY-61　目隠し歩きにチャレンジ

　ここからは、あなた自身の信頼感に目を向けるための TRY です。私たちは目から多くの情報を取り入れています。では、目を閉じて歩くとどのような気持ちになるでしょうか。目を閉じて歩いたときの気持ちを以下の欄に書き留めてみましょう。

　＜ルール＞

① 体育館や障害物のない廊下などに移動して行いましょう。

② 怖くなったり、危険を感じたりしたらいつでも目を開けて構いません。

ラフ

★TRY-62　声だけ誘導でトラストウォーク

　再び目を閉じて同じ場所を歩きます。が、今度は他の人の力を借りてみます。人の誘導を信じて歩くことを「トラストウォーク」と呼びます。ここではまず、パートナーに声だけで誘導してもらってください。誘導してもらったときの気持ちや気付いたことを書き留めたら、誘導する側も体験の上、あなたの誘導によってトラストウォーク中にどのような気持ちになったか、パートナーに記入してもらいましょう。

　＜ルール＞

①体育館や障害物のない廊下などに移動して行いましょう。

②「誘導する側」と「誘導される側」を決めます。

③ワーク開始前に、「よろしくお願いします！」と元気に挨拶し、握手しましょう。

④誘導する側もされる側も、パートナーの身体に触れてはいけません。

⑤誘導される際には、パートナーを信じて任せてみましょう。

⑥誘導する際には、目を閉じているパートナーに安心してもらうにはどのようにしたらよいか考えて実行しましょう。

ラフ

他者

Point

✧ 何かにぶつかりそうな危ない場面で声を発することだけが誘導ではありません。パートナーはあなたの誘導を信頼して身を任せようとしてくれています。信頼される誘導を目指して工夫しましょう。

★TRY-63　密着誘導でトラストウォーク

　今度は制限なしバージョンのトラストウォークに挑戦です。お互いに密着して構いません。誘導してもらったときの気持ちや気付いたことを書き留めたら、誘導する側も体験の上、あなたの誘導によってどのような気持ちになったか、トラストウォーク中の気持ちをパートナーに記入してもらいましょう。

　＜ルール＞

①体育館や障害物のない廊下などに移動して行いましょう。

②「誘導する側」と「誘導される側」を決めます。

③ワーク開始前に、「よろしくお願いします！」と元気に挨拶し、握手しましょう。

④誘導する側もされる側も、パートナーの身体に触れて構いません（例：手を引く、腕を組む、肩につかまらせるなど工夫しましょう）。

⑤誘導される際には、パートナーを信じて任せてみましょう。

⑥誘導する際には、目を閉じているパートナーに安心してもらうにはどのようにしたらよいか考えて実行しましょう。

ラフ

他者

★TRY-64　思い切ってトラストフォール

トラストウォークは難なくクリア！という人は、上級編として後ろ向きに倒れてパートナーに支えてもらうトラストフォールにチャレンジしてみましょう。次のルールを守って進行してください。以下の欄に、倒れる前の気持ちや倒れた後の気持ちを書き留めたら、支える側も体験の上、あなたのサポートによってトラストフォール中にどのような気持ちになったか、パートナーに記入してもらいましょう。

＜ルール＞

①体育館や障害物のない廊下などに移動して行いましょう。

②「倒れる側」と「支える側」を決めます。

③ワーク開始前に、「よろしくお願いします！」と元気に挨拶し、握手しましょう。

④「倒れる側」は、「支える側」から２足分（足の大きさ２つ分）離れて背を向けて立ちます。

⑤「支える側」は 両手をパートナーの背中を支える格好で構え、準備ができたら「どうぞ！」と声をかけます。

⑥「倒れる側」は「支える側」を信じて背中から後ろ向きに倒れます。

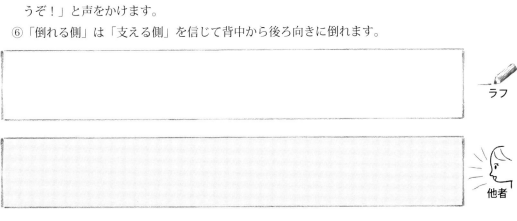

ラフ

他者

③ 交流分析 Transactional Analysis

　5章では、交流分析における基本的構えについて紹介しました。この交流分析（Transactional Analysis: TA）は、アメリカの精神科医エリック・バーン Eric Berne が提唱した理論です。個人の自我状態を親（P: Parent）、大人（A: Adult）、子ども（C: Child）の3つの層に分け、さらに5つ（CP・NP・A・FC・AC）に分けて解釈することが大きな特徴で、対人的交流の分析（交流パターン分析）にも展開できるように構築されています。

　TRY-2（10-11頁）にある性格特性も、実はこの交流分析における5つの自我状態に対応しています。この選択傾向のみから確定的なことは判断できませんが、自分自身が思う自分像と理想像、周囲から見た自分像が、それぞれどのような自我状態を反映しているか、以下の表で確認してみると、また新たな発見があるかもしれません。

交流分析における5つの自我状態

	分類名	特　徴	TRY-2 における関連語
P	CP (Critical Parent) 批判的親	理想、両親、責任、批判などの価値判断や倫理観など父親的な厳しい部分。創造性を抑え懲罰的で厳しい面が多いが、社会秩序の維持能力や理想追求などの肯定的な面も持っている。	（1）リーダーシップがある （2）しっかりしている （11）頼もしい （12）正義感が強い
P	NP (Nurturing Parent) 養育的親	共感、思いやり、保護、受容などの子どもの成長を促進するような母親的な部分。他人に対して受容的で相手の話に耳を傾けようとする。親身になって世話をし、親切な言葉をかけて相手を快適な気分にする。	（3）温かい （4）思いやりがある （13）穏やか （14）やさしい
A	A (Adult) 大人	事実に基づいて物事を判断しようとする部分。データ処理の際のコンピュータのような働きをする。現実を客観視し、あらゆる角度から情報を収集する。そしてそれらをもとに冷静に計算し推定して意思決定を行い判断を下す。	（5）頭脳明晰 （6）落ち着いている （15）冷静 （16）有能
C	FC (Free Child) 自由な子ども	親の影響をまったく受けていない、生まれながらの部分。自然随順の営みで、快感を求めて天真爛漫に振る舞う。直観的な感覚や創造性の源で、豊かな表現力は周囲に温かさ、明るさを与える。	（7）好奇心旺盛 （8）明るい （17）ポジティブ思考 （18）ユーモアがある
C	AC (Adapted Child) 順応した子ども	親たちの期待に沿うように、常に周囲に気がねをし自由な感情を抑える「イイ子」の部分。主体性を欠いたまま周囲に迎合し、本来の自分がまったく生かされていない。そのため、常に欲求不満が生じ、劣等感を抱いたり、現実を回避したりする。	（9）謙虚 （10）大人しい （19）周りに気をつかえる （20）素直

※東京大学医学部心療内科 (1995) をもとに構成

〔引用文献〕
　東京大学医学部心療内科編『新版 エゴグラムパターン―TEG（東大式エゴグラム）第2版による性格分析―』金子書房、1995

自己表現は率直に、さわやかに

アサーション、アサーティブといった言葉を聞いたことはあるでしょうか？　英語の assertion、assertive といった語は「自己主張」の意味を持ちますが、ここで学ぼうとしているアサーティブな態度は自分も相手も大切にする率直な自己表現を指します。

　あなたの身近にいる「さわやかな人」の多くは、言うべきことを伝えていながら冷たさがなく、相手を傷つけないという特徴があるのではないでしょうか。この章でアサーティブな自己表現を磨けば、あなたも「さわやかな人」の一人になれるでしょう。

◎6-1　自分優先？　相手優先？

★TRY-65　こんなとき、あなたならどうする？

　物事は全て自分の思うように進むわけではありません。次のような場面の場合、あなたならどのような気持ちになりますか？　また、どのように対応しますか？

> あなたは毎週欠かさず見てきたドラマの最終回を見ています。もうすぐクライマックス、今まで隠されてきた主人公の秘密が明かされる！　というところで、最近仲良くなったクラスメイトのＡさんから携帯に電話がかかってきました。ドラマは放映を見るつもりだったので、録画予約もしておらず、インターネット配信もされていません。さあ、どうしましょう……。

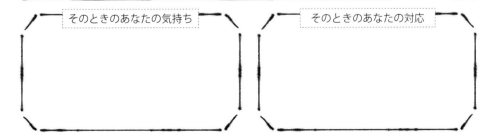

そのときのあなたの気持ち　　　　　　　そのときのあなたの対応

★TRY-66　ふぞろいな気持ち

TRY-65 のような場面において、あなた自身と A さんのしたいことはそれぞれ何でしょうか？　また、TRY-65 で考えたあなたの対応は、あなた自身の気持ちや A さんの気持ちを満足させるものになっているでしょうか？　満足させられているかどうかを考えて、○△×からそれぞれ選びましょう。

あなたのしたいこと	A さんのしたいこと
TRY-65 のあなたの対応で満足させられる？ ○　　　△　　　×	TRY-65 のあなたの対応で満足させられる？ ○　　　△　　　×

◉6-2　アグレッシブ／ノンアサーティブ／アサーティブ

★TRY-67　3つの自己表現パターン

TRY-65 であなたが考えた行動は、自分と A さんの両方が満足できる対応ですか？　それとも、どちらか一方の満足を優先したものでしょうか？　最上段の3つの中から1つ選び、□にチェックを入れた上、3つの自己表現パターンの特徴を確認しましょう。

□自分優先 （あなたの満足＞ A さんの満足）	□相手優先 （あなたの満足＜ A さんの満足）	□自分も相手もある程度満足 （あなたの満足≒ A さんの満足）
⬇	⬇	⬇

type	アグレッシブ Aggressive	ノンアサーティブ Non Assertive	アサーティブ Assertive
基本的構え	*I'm OK, you're not OK.* <自己肯定・他者否定>	*I'm not OK, you're OK.* <自己否定・他者肯定>	*I'm OK, you're OK.* <自他肯定>
言動の特徴	相手の意見を無視 or 軽視。相手に対して否定的感情や敵意を示す	自分の考えや欲求を抑えて言わない or 相手に分かりにくい遠回しの言い方をする	率直、正直に自分の思いを語り、相手の思いを語るスペースを残している
権利の尊重	人の権利を踏みにじって大切にしない	自分で自分の権利を踏みにじる	自分の権利のために立ち上がり、相手の権利も侵さない
考えの特徴	「人生は勝たねばならない」「悲しんだり泣いたりすべきではない」	「葛藤を避けたい」「もめごとを起こしたくない」「自分さえ我慢すれば丸く収まる」	「自分に感情や考えがあるのと同じように、相手にもあるのだから、葛藤が起こるのは当然」

✧ TRY-65 の場面に限らず、日々のやりとりの中では自分の求めるものと相手の求めるものが
一致しないことがしばしばあります。こうした状態を対人葛藤と呼びます。こうした対人
葛藤場面では、自分と相手の求めるものが一致している場合よりも、その人の自己表現の
タイプが顕著に表れます。また、相手や場面によっても自己表現の方法が異なることに気
が付くかもしれません。普段の自分自身の自己表現を振り返って、気付いたことを以下の
欄に書き出してみましょう。

Point

ラフ

★TRY-68　あなたが相手に望む反応は？

　次のような場面であなたは相手（下線部）からどのような反応を望みますか？　それぞ
れについて最も望む反応の白抜き欄に○を付け、あなたが望む態度の傾向をつかみましょ
う。

場　面	相手の反応	回答欄		
①どうしても行きたい 5,000 円のスイーツビュッフェがあり、あなたは友達を誘いました。でもその友達はあまりスイーツを好きではありません。	「なんでそんな高いお金払って付き合わなきゃならないの？」と強い調子で非難する。			
	しばらく考えてから、「うん、分かった。行く！」と答える。			
	「ごめん、スイーツに 5,000 円はちょっと出せないかな……。フレンチのビュッフェはどう？」と答える。			
②毎日朝一番に来て練習を始めているバレー部の後輩を、「毎日よく頑張ってるよね！」とあなたは褒めました。	「ありがとうございます！　先輩からそんな風に言ってもらえてすごく嬉しいです！」と答える。			
	「そんな……お世辞はいいですよ」と目を合せない。			
	「冗談はやめて下さい！」と強く拒絶する。			
③あなたは上司に頼まれて資料を用意しました。しかし、会議中に大事なページが抜けていることが発覚。会議が終わり、上司とすれ違いました。	「大事な資料なんだ。今度はしっかり確認して出してくれよ。頼りにしてるから！」と一声かける。			
	何も言わずに作り笑いを浮かべて立ち去る。			
	「何やってんだよ！　大事な会議で恥かかされたじゃないか！」と厳しく叱責する。			

場　面	相手の反応	回答欄		
④試験期間に入るため、あなたはアルバイト先の先輩に勤務を交替してほしいと頼みました。	「……オレも試験が……あ、ま、でも OK！」と答える。			
	「なんでオレなの!?」と迷惑そうに答える。			
	「悪い、オレもその日テスト前なんだよね。他の子に聞いてみてくれる？」と答える。			
⑤入社式で、あなたは面接からの知り合いと話していたところ、別の同期のメンバーがこちらを見ています。	勢いよく近づいてきて、「あなたたち、同期よね？」と話に割り込んでくる。			
	ときどき、チラリチラリとこちらを見続けて声はかけない。			
	軽く会釈してから近づいてきて、「私、浜口真紀っていいます。よろしくお願いします」と自己紹介する。			
⑥勤務先のパソコンに新しいソフトが導入されました。研修が終わって使い始めたものの、あなたに比べ同僚は不安がある様子でした。	「ちょっとこの部分がまだ分かっていないんだけど、時間があったら教えてくれない？」と、使い方をあなたに尋ねる。			
	はかどらない様子で黙々と作業を続ける。			
	「あの研修で覚えろって方がムリ！」と研修を非難する。			
⑦あなたは図書館の片隅にあるソファ席で友達と飲み物を片手に話していたところ、見知らぬ若い女性が近づいてきました。	何か言いたげな表情であなたの方を見ながら、何も言わずに立ち去る。			
	「飲食禁止」の机上表示をドン！とあなたの机に置いて何も言わずに立ち去る。			
	「ここは飲食禁止ですよ」と静かに伝えて、禁止の表示を指さす。			
集　計				
		アグレッシブ	ノンアサーティブ	アサーティブ

✧ 最も多く○が付いたのはどのタイプでしょうか。相手に望む反応を考えてみると、「伝えるかどうか」ではなく、「どのように伝えるか」が問題なのだということが分かります。何を感じたか、思ったかを知らせるのは、相手も自分も尊重すれば当然のこと。身に危険が迫っているような場合など、ノンアサーティブな対応が適切という場面もないわけではありませんが、日頃のコミュニケーションにおいては伝えようする意思を持つことが重要です。ただ、伝えるといってもアグレッシブな態度では相手が傷つくだけで伝わるものも伝わりません。「相手も自分も尊重したさわやかな自己表現」とはどのようなものか、アグレッシブな伝え方とアサーティブな伝え方の違いを考え、その特徴を次の欄に書き出してみましょう。

ラフ

★TRY-69　3つの自己表現ロールプレイ〜買い物ツアー編〜

　今度は実際に3つの自己表現を体験してみます。まず2人組を作り、以下の設定でセリフを声に出してみましょう。一人は友人役、もう一人は「あなた」役です。3パターンを演じたら、役を交替してもう一度3パターンを演じます。それぞれの態度をとると、どのような気持ちになるのか、どのような気分にさせられるのか、ロールプレイで感じ取った後に意見交換してみましょう。気付いたことや話し合ったことは下の欄にメモしてください。

> あなたは仲の良い友達と4人で話していました。おしゃべりを続けるうちに、週末に少し遠出してアウトレットモールまで買い物に出かけようということになり、あなた以外の3人はかなり盛り上がっています。
> 「○○も行くよね?」と当然のように聞かれましたが、あなたはその日、妹と別の場所に買い物に行く約束をしていました。

◉ アグレッシブパターン
①友人A：　「もちろん、○○も行くよね?　服とか靴とか買いに行こー!」
②あなた：　「え?　ムリ。なに勝手に決めてんの」
③友人A：　※その時の気分に合わせ、アドリブで一言続けて返答しましょう

◉ ノンアサーティブパターン
①友人A：　「もちろん、○○も行くよね?　服とか靴とか買いに行こー!」
②あなた：　「あ……そうなんだ。……うん、行く!」
③友人A：　※その時の気分に合わせ、アドリブで一言続けて返答しましょう

◉ アサーティブパターン
①友人A：　「もちろん、○○も行くよね?　服とか靴とか買いに行こー!」
②あなた：　「なんか楽しそうだねー。でも、妹と買い物の約束しちゃったんだ。今回は残念だけど、また今度誘って!」
③友人A：　※その時の気分に合わせ、アドリブで一言続けて返答しましょう

ラフ

Point

✧ 最もスムーズなやりとりだったのはどのパターンでしょうか。ノンアサーティブとアサーティブは、「友人」と「あなた」との間で波風が立たない印象だったかもしれません。ただ、「あなた」の事情が伝わっているかという点でこの2つは大きく異なります。先約があることを「友人」が知ることになれば、アウトレット行きの方を調整したり、先に日にちを決めてしまったことを謝ったりということにもなるでしょう。しかし、ノンアサーティブに「うん、行く！」と賛同されてしまったらどうでしょうか。「じゃあ行こう！」となるだけで、「あなた」にスケジュールのキャンセルを強いることになっていようとは全く想像しないに違いありません。言えば分かる、伝えようとすれば理解してくれる場面も多いものです。5章で学んだ自他肯定の意識を持って、「自分はきっと受け止めてもらえる」「相手はきっと受け止めてくれる」という気持ちでいることが少しずつアサーティブな自己表現へと導いてくれるはずです。

◉6-3　さわやかアサーティブへ大きく一歩前進

★TRY-70　今のあなたの自己表現タイプは？

今度はもう少し幅広くあなたの自己表現の特徴を調べてみましょう。普段、なにげなく過ごしている日常場面を思い浮かべて答えてください。16問全てについて回答を終えたら、下の集計欄に各列の○の総数をそれぞれ書き入れましょう。

アサーティブ・チェックリスト（小柳、2008） ※回答方法および集計方法は一部改変	はい	攻撃的に言う しつこく言う	いいえ	どちらともいえない
1. 相手の良いところに気がついたとき、積極的に褒める方ですか。				
2. 愛情や好意、感謝の気持ちをオープンに相手に表しますか。				
3. 人の話に積極的に耳を傾ける方ですか。				
4. 相手が自分と違う意見であっても、話し合い、できるだけ分かり合おうとしますか。				

	はい	攻撃的に言う しつこく言う	いいえ	どちらとも いえない
5. 自分の知らないことや分からないことを、人に教えてほしいと頼むことができますか。				
6. 自分のミスを指摘されたとき、それを認めて素直に謝ることができますか。				
7. 自分が心細く、不安や弱気になっているとき、それを口にできますか。				
8. 人の言葉や態度で傷ついたとき、怒りや失望の気持ちを（ただ感情に流されるのではなく）言葉で相手に伝えることができますか。				
9. 長電話になりそうで都合が悪い時、相手にそのことを伝えて、電話を切ることができますか。				
10. 意義のある援助や奉仕を頼まれた場合でも、自分に無理なときには断れますか。				
11. 尊敬している（恩のある）人であっても、大事なことで意見が違っている場合、自分の意見を言えますか。				
12. 公の場（会議や議会）であっても、必要であればはっきり異論を唱えることができますか。				
13. 診察を受けた際、医者に自分がほしい具体的情報をきちんと求めることができますか。				
14. 貸したもの（お金など）を返してほしいと言えますか。				
15. 不当な要求や押しつけを拒むことができますか。				
16. 侮辱や中傷、いわれのない非難を受けたとき、きちんと対応して反論できますか。				
集計欄 1～4　愛情や感謝、肯定的な感情表現				
5～8　弱音や本音の表現				
9～12　否定、違和感の表現、自己主張				
13～16　要求や拒否、反論などの自己主張				
	アサーティブ傾向	アグレッシブ傾向	ノンアサーティブ傾向	状況依存傾向

〔出典〕小柳しげ子・与語俶子・宮本恵『アサーティブトレーニングBOOK』新水社、2008、pp.24-25

✧ 集計欄に各列の○の総数を記入したら、1～4、5～8、9～12、13～16のそれぞれの集計行で最大の数値を○で囲みましょう。○は縦一列に並んでいるでしょうか？　自己表現のタイプは伝える内容によっても変わりますから、○の位置は統一的でない可能性も大いにあります。愛情や感謝のようなポジティブな内容については積極的に伝える姿勢を持っていても、弱音や本音、否定や拒否などのネガティブな内容については苦手な場合もあります。自分自身の自己表現の特徴についそれぞれて気付いたことを以下の欄にまとめておきましょう。

ラフ

★Try-71　Iメッセージでアグレッシブをアサーティブに

アサーティブな表現の特徴の一つとして、Iメッセージがあります。Iメッセージとは、自分という範囲の中で、自分の気持ちに焦点を当てて率直に伝えようとする表現方法を指します。

例を参考に、アグレッシブな元のメッセージをアサーティブなIメッセージに変換してみましょう。その際、各場面で本当に伝えたいことは何なのかという点に注意しましょう。

場　　面	Iメッセージ変換
例）友人たちだけの話し合いによって、自分にとって都合の悪い日にアウトレットモール行きの計画を立てられてしまった。	「私の予定も聞かないでいきなり押し付けてくるって、ちょっと非常識だよね」 ⇒アウトレット行きを決める前に私の予定も確認してほしかったなぁ
①パーティーの後で片付けを始めようとしたところ、友人たちはそれに構いもせずにゲームをスタートさせようとした。	「人が片付けようとしてるのにそのゲームって、どういう神経してるの?!」 ⇒

場　　面	Ｉメッセージ変換
②貸していた本が後輩から返ってきたが、表紙がボロボロになっていた。	「借りた本をボロボロにして返すなんて、あり得ない……」 ⇒
③母親と一緒に弟のための丸いバースデーケーキを買いに出かけたところ、母親は生クリーム、私はチョコレートが良いと意見が分かれた。	「えー、生クリームヤダ！　なんか気持ち悪いじゃん！」 ⇒
④大学受験の勉強に追われる中、同じ部屋でテレビを見て笑っている小学生の妹が妬ましく思えた。	「無神経でいられる小学生ってホント楽だよね」 ⇒

◆ **TRY-69** のようなケースで、「私の予定も聞かないでいきなり押し付けてくるって、ちょっと非常識だよね」と言われれば、友人たちはかなり傷つくでしょう。それは、「非常識」という言葉が強い上、誰が「非常識」と感じているのかが不明瞭のため、世間全体が友人たちを責めているように響くからです。でも、本当に伝えたいのは「非常識だ」ということではなく、確認してから決めてほしかったということの方でしょう。「アウトレット行きを決める前に私の予定も確認してほしかったなぁ」という言葉ならば、少し残念に思ったことや、友人たちにどうして欲しかったのかがストレートに伝わります。また、発言が世間一般ではなく、その人自身という範囲の中で語られていることも相手に届きますから、無用な攻撃を避けることにもなります。

★TRY-72　アサーティブ返答のロールプレイ〜オススメの１枚編〜

　ここまでの TRY でアサーティブな自己表現への理解は深まってきたでしょうか。今度は、**TRY-69** の後日譚のロールプレイでアサーティブな反応を考えてみます。

　ここではまず、２人から４人のグループを作り、あなた役と友人Ａ〜Ｃ役を決めます。友人役の３つのセリフが読み上げられたら、あなた役の人は、①普段通りのあなたの反応、②あなたが考える最もアサーティブな反応で自由に演じてください。２パターンを演じ終えたら次の欄にセリフを書き出し、友人役のメンバーから自己表現の種類（アグレッシブ／ノンアサーティブ／アサーティブ）の判定と感想を記入してもらいましょう。そこまでが終わったら、役を交替してロールプレイとフィードバックを繰り返します。

あなたは、仲の良い友達と4人でアウトレットモールへ買い物に来ました。
洋服を見ていると、友人の一人が「これ、○○にいいんじゃない!?」と満面の笑み
であなたに薦めてきました。他の友人たちもそれに賛同して勢いは増すばかり。が、
一見したところあなた自身はあまり気に入りません。さあ、どうしましょう……。

① 友人A： ねえ、○○！ これ、○○にすごく似合うと思う！　絶対「買い」だよ！

② 友人B： おっ、いいねぇ！　うん、似合う似合う！

③ 友人C： へ～、いいんじゃないの!?

④ あなた： ※アドリブで返答（普段のあなたの反応／アサーティブな反応の2パターンで）

普段のあなたの反応	あなたが考える最もアサーティブな反応
セリフ	セリフ
アグレッシブ　ノンアサーティブ　アサーティブ	アグレッシブ　ノンアサーティブ　アサーティブ
感想	感想

他者

★TRY-73 本物のアサーティブになるには

アサーティブの代表として何人かの人物を挙げ（有名人可）、アサーティブな態度を実現するための言葉の選び方や伝える順序など、あなたが思うポイントを以下に書き出し、周囲の人の意見も確認してみましょう。

アサーティブ代表	アサーティブな態度のポイント

熟考

他者

column

④ 社会的スキル 100

　この本はコミュニケーションスキルを磨くことを目指したものですが、そのコミュニケーションスキルとは、社会的スキル（ソーシャルスキル：social skills）の一部でもあります。

　それでは、その社会的スキルとは何なのでしょうか。相川（2009）によれば、「対人場面において個人が相手の反応を解読し、それに応じて対人目標と対人反応を決定し、感情を統制した上で対人反応を実行するまでの循環的な過程」と定義されています。少し難しく感じられるかもしれませんが、私たちが人と接する際には相手の様子を反応として捉え、何らかの行動を選択しています。その行動の選択次第で、上手くコミュニケーションが成立したり失敗したりするわけですが、ここで重要なのは、そうした行動を細かく分けて問題を抽出した上、そうした行動を起こす能力（スキル）をトレーニングすることができるということです。以下に挙げられているだけでも、ざっと 100 種類。こんなものもスキルに入るんだ！ときっと新鮮な発見があるはずです。

社会的スキル100 項目（菊池・堀毛、1994）

〔A〕基本となるスキル	1 聞く　2 会話を始める　3 会話を続ける　4 質問する　5 自己紹介をする　6 お礼をいう　7 敬意を表す　8 あやまる　9 納得させる　10 終わりのサインを送る
〔B〕感情処理のスキル	11 自分の感情を知る　12 感情の表現をコントロールする　13 他人の感情を理解する　14 他人の怒りに対応する　15 他人の悲しみに対応する　16 愛情や好意を表現する　17 喜びを表現する　18 思いやりの心をもつ　19 おちこみ・意欲の喪失に耐える　20 恐れや不安に対処する
〔C〕攻撃に代わるスキル	21 分け合う　22 グチをこぼす　23 ユーモアにする　24 ファイトを保つ　25 和解する　26 他人とのトラブルを避ける　27 自己主張する　28 自己統制する　29 いじめを処理する　30 許可を求める
〔D〕ストレスを処理するスキル	31 ストレスに気づく　32 不平を言う　33 苦情などを処理する　34 失敗を処理する　35 無視されたことを処理する　36 危機を処理する　37 気分転換する　38 自分の価値を高める　39 矛盾した情報を処理する　40 集団圧力に対応する
〔E〕計画のスキル	41 何をするかを決める　42 問題がどこにあるか決める　43 目標を設定する　44 自分の能力を知る　45 情報を集める　46 情報をまとめる　47 問題を重要な順に並べる　48 決定を下す　49 仕事に着手する　50 計画を立てる
〔F〕援助のスキル	51 相手の変化に気づく　52 相手の要求を知る　53 相手の立場に立つ　54 まわりをみる　55 同じ気持ちになる　56 援助の失敗に対処する　57 自分のできることを知る　58 気軽にやってみる　59 相手によろこんでもらう　60 自分の立場を知る
〔G〕異性とつきあうスキル	61 デートの相手を選ぶ　62 自分の情熱を相手に知らせる　63 相手の気持ちを理解する　64 デートを上手にこなす　65 相手との親しさを増す　66 愛することを決意する　67 ケンカを上手にこなす　68 恋愛関係を維持する　69 悪化のサインを読み取る　70 性別や人による恋愛の違いを知る
〔H〕年上・年下とつきあうスキル	71 話を合わせる　72 相手を立てる　73 上手にほめる　74 相手を気づかう　75 相手の都合に合わせる　76 相手のレベルに合わせる　77 だらだら話につきあう　78 バカにされてもつきあう　79「わかった」と言わない　80 上手に叱る
〔I〕集団行動のスキル	81 参加する　82 集団の意義を見いだす　83 仕事に集中する　84 誰に知らせるか　85 規範に従わせる　86 指示に従う　87 決定する　88 会議をする　89 グループシンクを防ぐ　90 グループ内の葛藤を処理する
〔J〕異文化接触スキル	91 キー・パーソンを見つける　92 メタ・レベルで調整する　93「同じ」と「違う」を同時に受け入れる　94 異文化を取り込む　95 文化的拘束に気づく　96 意向を伝える・意向がわかる　97 判断を保留し先にすすむ　98 相手文化での役割行動をとる　99 自分の持ち味を広げる　100 関係を調整する

〔引用文献〕　相川 充『新版　人づきあいの技術—ソーシャルスキルの心理学—』サイエンス社、2009
　　　　　　菊池 彰夫・堀毛 一也『社会的スキルの心理学』川島書店、1994

グループワークで協働マスターに

　直接的であれ、間接的であれ、人は一人で行動するよりも、誰かと一緒に協働する場面の方を余程多く体験します。人間として生まれてきたからには人との協働・連携は必ず通る道。いわばグループワークなしには日々は成り立たないということにもなります。

　どうせなら目標を達成できる方が、そしてみんなで楽しくできる方が良いと思いませんか。そのためには、5章で学んだ自他肯定の姿勢も大いに役立ちます。

　この章では、グループワークの一員としての意識を高め、チームワークの下にグループワークを成功させる秘訣を探ります。

◎7-1　グループワークでの役割いろいろ

★TRY-74　グループのオモテの役割

　普段の話し合いやグループワークの中で、あなたはどのような役割を果たしていますか？　普段のあなた自身を振り返り、当てはまるものを選んで☆を塗りつぶしましょう。

　また、一緒にグループで活動したことのある人の協力を得て、あなたに当てはまると思う役割の☆を塗りつぶしてもらいましょう。

自己評価	他者評価	名　称	役　割
☆	☆	進行役	目標や課題遂行に向かって、グループ内の議論や取り組みを進行・誘導する。
☆	☆	記録係	グループ内で出た意見や状況などをメモし、整理する。
☆	☆	タイムキーパー	制限時間を意識し、「残り○分」「〆切まで○日」のように、メンバーに時間を知らせる。
☆	☆	当てはまる役割なし	

✧ ここに掲げられた進行役・記録係・タイムキーパーは、表に見えやすく、グループワークにおいて欠かすことのできない役割です。企業の採用試験の一環として行われるグループディスカッションにおいても、これらの役割を最初に決めるように指示されることは少なくありません。率先してこれらの役割を得ることで、グループの中での自分の立場が安定し、結果的にグループ内で振る舞いやすくなる場合もあります。また、「家族の中では常に進行役だけど、学校では当てはまる役割なしかも……」など、グループのメンバーや場面によって果たす役割が異なると思った人もいるかもしれません。視点を少し変えて、メンバーや場面による自分の変化を点検の上、気付いた点を以下の欄に書き留めておきましょう。

★TRY-75　メンバー同士の相互作用から見ると……

　以下は、グループの中で果たされるべき役割を示します。**TRY-74** のような進行役、記録係、タイムキーパーを務めていたとしても、これらの役割はまた別。いずれか1つでも当てはまっていてほしいものです。

　人と連携する場面でのあなた自身を改めて振り返り、当てはまるものを全て選んで☆を塗りつぶしましょう。また、**TRY-74** と同様に、一緒にグループで活動したことのある人の協力を得て、あなたに当てはまると思う役割の☆を塗りつぶしてもらいましょう。

自己評価	他者評価	名　称	役　　割
☆	☆	アイデアメーカー	課題遂行に向けて、積極的に意見を提示する。課題遂行に有効であるかどうかに関わらず、たくさんの意見を出そうという意欲を見せる。
☆	☆	ムードメーカー	課題遂行に直接的に関わらなくとも、ポジティブな発言や表情によって、グループの雰囲気を盛り上げ、メンバーの意欲を高める。
☆	☆	ファシリテーター	意見を整理したり、意見を出さないメンバーに発言を促したりすることで、課題遂行に向けた調整を加える。
☆	☆	監視役	メンバーの意見を冷静に見極め、グループ全体の流れが課題遂行に正しく向かっているかどうかを判断する。場合によっては、グループの流れを変える発言をする。
☆	☆	当てはまる役割なし	他のメンバーに任せ過ぎてはいませんか？ ⇒ 上記のような役割を意識して、グループに積極的に関わる姿勢を見せましょう。

✧「大抵の場面でアイデアメーカーかな……」など、自分自身の日常的に果たしている役割が
　見えてきたかもしれません。ただ、自分の得意な役割に固執せず、メンバーの顔触れに従っ
　て柔軟に役割の幅を広げていけることも、グループワークの成果と充実感を高めることに
　つながります。自分が得意な役割、苦手な役割という観点から改めてこれらの役割を確認し、
　気付いた点を以下の欄に書き留めておきましょう。

ラフ

🔘7-2　実践！　体感！　グループワーク

★TRY-76　今年の流行語大賞予想

　5章と6章では、自分自身や人に対する信頼感・肯定感が自分自身の行動や感情に大
きく影響していることに気付いた方も多いことでしょう。お互いを受け止めることができ
れば、グループワークにおいてもできることが増えていきます。しかも、スムーズに物事
が進みます。さらに、課題に皆で取り組むこと自体をも楽しめるようになります。

　次なるステップは、グループで一つの課題を達成すること。4〜6人のグループで次
の課題に取り組んでみましょう。

> ◆課　題：今年の流行語大賞予想
> 今年の流行語大賞となりそうな言葉をメンバー全員で挙げ、グループの意見とし
> てグランプリを決めてください。今後、新たに流行する言葉は一切ないものと仮
> 定して構いません。制限時間は15分です。グランプリの選出が済んだら、①選
> ばれた言葉（流行語大賞予想）、②選出理由をグループごとに発表しましょう。

◆グループワークの成果と充実感を高めるための約束
・「どんどん意見を言っていいんだ」という意識を持ち、積極的に発言しましょう。
・「みんなからもどんどん意見が出るようにしよう」という意欲を持ち、積極的に働き
　かけましょう。
・**TRY-74** や **TRY-75** に掲げられた役割のどれかを果たそうとする意欲を持ちましょう。
・メンバー同士、名前で呼び合いましょう。
・自分のアイデアもメンバーからの意見も、積極的にメモを取りましょう。

アイデアメモ

ラフ

①選ばれた言葉（流行語大賞予想）

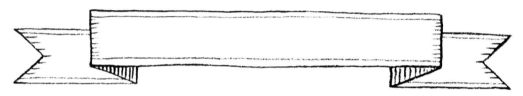

②選出理由

Point

✦ 今回のグループワークでは、どのような役割を果たせたと思いますか？　当てはまるもの
に〇を付けた上（複数可）、他のメンバーから、あなたが果たした役割の☆を塗りつぶして
もらいましょう。また、今回のグループワークの達成感や反省点についてもメンバー全員
で意見交換してみましょう。

自己評価	進行役						アイデアメーカー			
	記録係						ムードメーカー			
	タイムキーパー						ファシリテーター			
	当てはまる役割はない						監視役			
他者評価	進行役	☆	☆	☆	☆	☆	アイデアメーカー	☆ ☆ ☆ ☆ ☆		
	記録係	☆	☆	☆	☆	☆	ムードメーカー	☆ ☆ ☆ ☆ ☆		
	タイムキーパー	☆	☆	☆	☆	☆	ファシリテーター	☆ ☆ ☆ ☆ ☆		
	当てはまる役割はない	☆	☆	☆	☆	☆	監視役	☆ ☆ ☆ ☆ ☆		

他者

達成感や反省点

ラフ

★TRY-77　新ビル建設計画

今度は新しいビルの開発計画です。4〜6人のグループで取り組んでください。一つの役割に固執せず、グループ内のバランスを見ながら、積極的に関わりましょう。

◆課　題：キャンパス内新ビル建設計画
大学のキャンパス内（あるいは所属会社や学校の敷地内）に新しいビルを建設することになりました。4階建てで、学生（社員・生徒）の満足度向上を目的とすることまでは決まり、どのフロアにどのような施設や店舗を入れるのかといった具体的な計画については、自由に意見を出せることになりました。
制限時間は30分です。①各フロアの構成（施設や店舗など）、②ビルの愛称、③ビルのコンセプトの3つについて、グループの意見をまとめ、グループごとに発表しましょう。

◆グループワークの成果と充実感を高めるための約束

・「どんどん意見を言っていいんだ」という意識を持ち、積極的に発言しましょう。
・「みんなからもどんどん意見が出るようにしよう」という意欲を持ち、積極的に働きかけましょう。
・**TRY-74** や **TRY-75** に掲げられた役割のどれかを果たそうとする意欲を持ちましょう。
・メンバー同士、名前で呼び合いましょう。
・自分のアイデアもメンバーからの意見も、積極的にメモを取りましょう。

アイデアメモ

ラフ

①各フロアの構成

5F
4F
3F
2F
1F

②ビルの愛称

③ビルのコンセプト

Point

✧ 今回のグループワークでは、どのような役割を果たせましたか？　当てはまるものに〇を付けた上（複数可）、他のメンバーから、あなたが果たした役割の☆を塗りつぶしてもらいましょう。また、今回のグループワークの達成感や反省点についてもメンバー全員で意見交換してみましょう。

他者

自己評価	進行役					アイデアメーカー				
	記録係					ムードメーカー				
	タイムキーパー					ファシリテーター				
	当てはまる役割はない					監視役				
他者評価	進行役	☆	☆	☆	☆ ☆	アイデアメーカー	☆	☆	☆ ☆	☆
	記録係	☆	☆	☆	☆ ☆	ムードメーカー	☆	☆	☆ ☆	☆
	タイムキーパー	☆	☆	☆	☆ ☆	ファシリテーター	☆	☆	☆ ☆	☆
	当てはまる役割はない	☆	☆	☆	☆ ☆	監視役	☆	☆	☆ ☆	☆

ラフ

達成感や反省点

カッコいい大人の敬語表現

　子どもの世界と大人の世界を大きく分けるのは、言葉の使い方かもしれません。大人の言葉には、立場が大きく関わります。

　敬語はまさに、そうした立場の捉え方の上に成り立つ表現です。言葉の選び方からその人の教養や内面が覗かれることにもなります。いわば、窓のような役割を果たすこともあります。美しい言葉づかいは、人の心の深いところに響きます。この章では、敬語を磨くTRY を通じて、カッコいい大人のコミュニケーションの実現を目指します。

◎8-1　現代社会の敬語のキホン

★TRY-78　5種類の敬語表現

　敬語には大きく分けて3つ、さらに細かく分けると5つの種類があります。使う対象や立てる先など、意外に分かっていないことも多いものです。次頁の文部科学省文化審議会答申「敬語の指針」に基づき、まずは基本を確認しましょう。

3種	5種	苦手	概　要	語形変化の対象	立てる先
尊敬語	尊敬語	△	**「いらっしゃる・おっしゃる」型** 　相手側又は第三者の行為・ものごと・状態などについて、その人物を立てて述べるもの。 ＜該当語例＞ 　〔行為等（動詞、及び動作性の名詞）〕 　　いらっしゃる、おっしゃる、なさる、召し上がる 　　お使いになる、御利用になる、読まれる、始められる 　　お導き、御出席、（立てるべき人物からの）御説明 　〔ものごと等（名詞）〕 　　お名前、御住所、（立てるべき人物からの）お手紙 　〔状態等（形容詞など）〕 　　お忙しい、御立派	相手や第三者の行為・ものごと・状態	その行為・ものごと・状態の主
謙譲語	謙譲語Ⅰ	△	**「伺う・申し上げる」型** 　自分側から相手側又は第三者に向かう行為・ものごとなどについて、その向かう先の人物を立てて述べるもの。 ＜該当語例＞ 　　伺う、申し上げる、お目に掛かる、差し上げる 　　お届けする、御案内する 　　（立てるべき人物への）お手紙、御説明	自分側から相手側又は第三者に向かう行為・ものごと	その行為やものごとが向かう先の人物
	謙譲語Ⅱ	△	**「参る・申す」型（丁重語）** 　自分側の行為・ものごとなどを、話や文章の相手に対して丁重に述べるもの。 ＜該当語例＞ 　　参る、申す、いたす、おる 　　拙著、小社	自分側の行為・ものごと	話や文章の相手
丁寧語	丁寧語	△	**「です・ます」型** 　話や文章の相手に対して丁寧に述べるもの。 ＜該当語例＞ 　　です、ます		話や文章の相手
	美化語	△	**「お酒・お料理」型** 　ものごとを、美化して述べるもの。 ＜該当語例＞ 　　お酒、お料理		話や文章の相手

「敬語の指針」（平成 19 年 2 月 2 日文化審議会答申）に基づき作成

✦ 小学校時代から度々学んできたはずの敬語ですが、いまひとつよくわからないものもある
　のではないでしょうか。苦手意識や不安のある種類の△を塗りつぶして、ここから重点的
　に学び直すようにしましょう。

★TRY-79　声に出してビジネス敬語ロールプレイ

　社会出ると、日常的に敬語を使うことになります。まずは他社訪問時の受付の場面から。
○○に自分の名前を入れて、2人1組でロールプレイしてみましょう。片方の役でロー
ルプレイができたらパートナーと交替して、もう一方の役も体験しましょう。

> ★出　　演：　①Ｃ・Ｓ・Ｔ株式会社営業部社員○○
> 　　　　　　　②株式会社ネオレジデンス受付担当者
> ★場面設定：　ある日、朝9時半からの商談のために、社員○○は株式会社
> 　　　　　　　ネオレジデンスを訪問

① 社員○○：　おはようございます。わたくし、Ｃ・Ｓ・Ｔ株式会社の○○と申します。
　　　　　　　いつもお世話になっております（名刺を差し出しながら）。
② 受　　付：　おはようございます。こちらこそ、大変お世話になっております。
③ 社員○○：　9時半に開発部二課の山内課長とお約束があるのですが、お取り次ぎ願え
　　　　　　　ませんでしょうか。
④ 受　　付：　承知しました。ただいま呼び出しますので少々お待ちください。
⑤ 社員○○：　よろしくお願いいたします（受付窓口を塞がない場所で待つ）。
⑥ 受　　付：　大変お待たせいたしました。山内は間もなく参りますので、こちらの応接
　　　　　　　室でお待ちください。
⑦ 社員○○：　ありがとうございます。失礼いたします（案内に従って応接室に入る）。

✦ このロールプレイのように、何気なく交わされる言葉の中にも敬語はたっぷり含まれていま
　す。TRY-78で確認した通り、相手側に関わる行動や物事を上げて表現するのが尊敬語、自分
　側の行動や物事を下げて表現するのが謙譲語です。ロールプレイ中のセリフで、尊敬語に当
　たる部分に波線を、謙譲語に当たる部分には一重下線を引いて、やりとりの中にどのような
　敬語がどれだけ含まれているか確認してみましょう（丁寧語の部分まで含んで構いません）。

★TRY-80　敬語の語形変化のきまり

　とっさに敬語が出てこない！と焦る場面もありますが、基本的な語形変化さえ頭に入れ
ておけば大丈夫。特に尊敬語の語形変化はバリエーションが豊富ですから、じっくり確認
しましょう。

3種	5種	概　要
尊敬語	尊敬語	**「いらっしゃる・おっしゃる」型** **＜名詞＞** ・お（ご）……になる ・……（ら）れる（例：読む→読まれる、利用する→利用される、始める→始められる、来る→来られる） ・……なさる（例：利用する→利用なさる） ・ご……なさる（例：利用する→御利用なさる） ・お（ご）……だ（例：読む→お読みだ、利用する→御利用だ） ・お（ご）……くださる（例：読む→お読みくださる、指導する→御指導くださる） **＜名詞＞** 一般には「お名前」「御住所」のように「お」又は「御」を付ける。ただし「お」「御」のなじまない語もあるので要注意。 **＜形容詞・形容動詞＞** 語によっては「お忙しい」「御立派」のように、「お」、「御」を付ける。また「お」「御」のなじまない語でも「指が細くていらっしゃる」「積極的でいらっしゃる」のように「……くていらっしゃる」「……でいらっしゃる」の形で尊敬語にできる。
謙譲語	謙譲語Ｉ	**「伺う・申し上げる」型** **＜動詞＞** ・お（ご）……する ・お（ご）……申し上げる ・……ていただく（例：読む→読んでいただく，指導する→指導していただく） ・お（ご）……いただく（例：読む→お読みいただく，指導する→御指導いただく） **＜名詞＞** 一般には「（先生への）お手紙」「（先生への）御説明」のように「お」又は「御」を付ける。ただし「お」「御」のなじまない語もあるので要注意。このほか、「拝顔」「拝眉」のように、「拝」の付いた謙譲語Ｉも。
	謙譲語Ⅱ	**「参る・申す」型（丁重語）** **＜動詞＞** ・……いたす（例：利用する→利用いたす） **＜名詞＞** 「愚見」「小社」「拙著」「弊社」のように「愚」「小」「拙」「弊」を付けて、謙譲語Ⅱとして使うものがある。ほぼ書き言葉専用。
丁寧語	丁寧語	**「です・ます」型** 「です」「ます」を付ける上で留意を要する点は特になし。
	美化語	**「お酒・お料理」型** 美化語のほとんどは名詞あるいは「名詞＋する」型の動詞。一般に「お酒」「お料理（する）」のように「お」を付ける。ただし、「お」のなじまない語もあるので要注意。

★TRY-81　特別な語形変化＝出番の多い敬語

TRY-80 の説明のように、敬語はある程度決まった変化によって表現されますが、英単語の変化と同じように、よく使うものほど定型とは違った変化をします。以下のそれぞれの言葉について、尊敬語と謙譲語を書きましょう。

※（　　　）内には定型変化の語が入ります。

	尊　敬　語	謙　譲　語
する		
いる		
行く		
来る		
言う		
聞く	（　　　　　　　　　　　　　）	
見る		
食べる		
知る		
会う	（　　　　　　　　　　　　　）	
くれる		
着る		
寝る		
借りる	（　　　　　　　　　　　）	
見せる	（　　　　　　　　　　　）	

✧ 確認する際には、主語として具体的な動作主（尊敬語には「〇〇先生」、謙譲語には「私」など）を設定の上、各語を含んだフレーズを作って声に出してみましょう。

◉8-2　こなれた敬語でカッコよく

★TRY-82　現実場面での敬語応対

次のそれぞれの場面において、あなたならばどのように表現しますか？　特に尊敬語や謙譲語に注意して、文章で書いてみましょう。

① 父親に電話をかけてきた相手に対し、外出中であることを伝える場面

② ショップ店員として、店の商品をゆっくり見てほしいことを客に伝える場面

③ 部下として、どうしたらよいかを上司に尋ねる場面

④ この先の3つ目の交差点を右に曲がり、その後まっすぐ進むよう、ホテルの
　　スタッフとして客に伝える場面

⑤ 顧問の先生が出場者リストを至急提出するように言っていたことを、後輩
　　として先輩に伝える場面

⑥ スーパーの店員として、クレジットカードが使えないことを客に伝える場面

✧ 正しい表現は一つとは限りません。また、場面を説明する元の文を直接的に敬語に変換した表現でなくともその場にふさわしい反応はいくらでもあります。「この表現、イマイチ自信ないなぁ……」という場合には、安心して用いることのできる表現を駆使してその場にあった対応を考えることも非常に重要です。考え出した表現を周囲の人と互いに確認し合って、他の人が考えた表現も複数書き留めておきましょう。反応の幅を広げることが、洗練された敬語表現の定着につながります。

★TRY-83　社長には尊敬語、とは限らない？

　目上の人に関する表現には尊敬語を使うのが基本ですが、世の中にはそうでない場合も
あります。以下のようなケースの場合、なぜ下線部のように謙譲表現を用いるのか、理由
を考えて周囲の人と話し合ってみましょう。

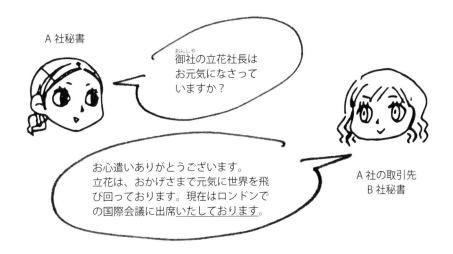

A社秘書

御社の立花社長は
お元気になさって
いますか？

お心遣いありがとうございます。
立花は、おかげさまで元気に世界を飛
び回っております。現在はロンドンで
の国際会議に出席いたしております。

A社の取引先
B社秘書

なぜ？

ラフ

✧ 社会に出ると、この例のように場面に応じた柔軟な敬語表現が求められるようになります。
　洗練された表現のためには文法的な基本を知っているだけでは十分でなく、人と人との社
　会的な関係性を瞬時に捉える力が試されます。誰に対して尊敬語を用い、誰に対して謙譲
　語を用いているか。こうした敬語表現の様子から、その人の関係性の捉え方やビジネスセ
　ンスが読み取られていきます。ビジネスシーンでのルールに対する理解を深め、よりこな
　れた敬語表現を目指しましょう。

Point

★TRY-84　4人組でビジネスシーンのロールプレイ〜担当交替編〜

　社会では、場面や相手に応じて臨機応変に敬語を使い分けなければなりません。○○、△△、□□にその役を務める人の名前を入れて、4人1組でロールプレイしてみましょう。最後まで演じきったら、役を交替して繰り返し通してロールプレイしましょう。その役になり切って熱演してみてください。

> **★出　　演：**①社員○○（旅行デスク担当）　②課長△△（○○の上司）
> 　　　　　　　③④客□□夫妻
> **★場面設定：**社員○○は、異動を前に担当の引き継ぎを上司に頼み、客に紹介する。

オフィス内

① 社員○○：　△△課長、おはようございます！

② 課長△△：　おはよう。今日も元気だね。

③ 社員○○：　え、そうですか？（笑）　来月には札幌支店に異動ですから、最近ちょっと寂しくなってきてるんですよ。
　　　　　　　でも、□□様の担当、課長が引き継いでくださるので安心しています！

④ 課長△△：　ああ、あのご夫婦の□□様ね。

⑤ 社員○○：　はい。□□様、本当に素敵なお二人なのでよろしくお願いします！
　　　　　　　今日の11時にご来店だそうなので、少しご挨拶いただけませんか。

⑥ 課長△△：　その頃もオフィスにいるから遠慮なく。いらしたら一声掛けて。

⑦ 社員○○：　ありがとうございます。お呼びしますのでよろしくお願いします。

店頭（旅行受付デスク）

⑧ 社員○○：　△△課長、□□様がお見えになりました。次のご旅行のお申し込みはもう承りましたので、これから少しだけご挨拶願えますか。

⑨ 課長△△：　はい、今すぐ行きます。

⑩ 社員○○：　□□様、この間少々お話ししました通り、私の本店勤務は今月いっぱいとなりました。こちらの都合で大変申し訳ないのですが、来月からは△△が□□様のご用命をお受けします。こちらが新しい担当の△△です。

⑪ 課長△△：　△△と申します。担当交替で大変ご迷惑お掛けいたします。何卒よろしくお願い申し上げます。

⑫ 客□□夫：　□□です。こちらこそよろしくお願いします。

⑬ 客□□妻：　○○さんはいつも本当に明るくて。とてもよくして頂いたんですよ。

⑭ 客□□夫：　今度は北海道なんですね。

⑮ 社員○○：　はい。不安だらけですが、頑張って参ります。

⑯ 客□□妻：　札幌でもお元気で。

✦ 社員〇〇のセリフに注目してみましょう。場面の転換と共に、何か変化していることはないでしょうか。前の **TRY-83** の内容を参考にしながら、他の人と話し合ってみましょう。気付いたことや考えたことは以下の欄にメモしておきましょう。

Point

ラフ

◉ 8-3　世の敬語は間違いだらけ？

★TRY-85　正しい敬語で表現すると？

次の表現には敬語の誤りや不適切な表現が含まれています。間違っている箇所を直し、全文を書き直しましょう。

① このテニスコートは誰でもご利用できます。＜施設案内のパンフレットで＞

② お客様はいつニュージーランドへ参られる予定ですか。＜旅行会社の相談窓口で＞

③ 神田様、おられましたら１階サービスデスクまでおいでください。
　　　＜デパートのお客様呼び出しとして＞

④ 金井部長は以前そのように申されました。＜自社内の報告会で＞

⑤ このメモを見たら次の番号までご連絡してください。
　　　＜部下の立場で上司にメモを残す場面＞

⑥ 高齢の方もご利用しやすい設計になっています。＜客に対する新製品の紹介場面で＞

❖ 敬語表現上の誤りには複数の種類があります。1つは、**TRY-80**（83-84頁）にあるような規則的な敬語変換が正しく出来ていないケース（次の**TRY**にある二重敬語もこのタイプに当てはまります）、2つ目は尊敬語を使うべきところで謙譲語が用いられていたり、その逆であったり、というケース、3つ目は尊敬語変換と謙譲語変換が混じったケースです。正しい敬語は意外とシンプル。どこが間違っているか、さらに丁寧な表現にするにはどのように変化させたら良いか、じっくり考えてみましょう。

★TRY-86　ひょっとして二重敬語？

　敬語の誤りの中でも最近特に多いのは二重敬語。既に尊敬語や謙譲語として語形が変えられた言葉を、さらに敬語変換してしまうのが二重敬語です。次の文章中の誤りの箇所に下線を引き、正しい表現に改めましょう。

　　① 進藤課長はこの記事をお読みになられましたか？

　　―――――――――――――――――――――――――

　　② 和田先生はシンガポールへご出張されています。

　　―――――――――――――――――――――――――

　　③ 吉井社長は川越駅からお帰りなされるそうです。

　　―――――――――――――――――――――――――

　　④ 沢野部長は、明日取引先に伺われるとおっしゃられました。

　　―――――――――――――――――――――――――

　　⑤ 酒田課長がお召しになられているスーツは、今シーズンのトレンドなのだそうです。

　　―――――――――――――――――――――――――

　　⑥ 本多社長はこれからお昼を召し上がられます。

　　―――――――――――――――――――――――――

★TRY-87　「ヘンな敬語」採集

　世の中には、間違った敬語表現が想像以上にたくさん存在します。駅構内やデパートの貼り紙、各種のダイレクトメール、車内アナウンスなど、意識を向けて「ヘンな敬語」を探してみましょう（スマートフォンで写真などを残しておくと良いでしょう）。また、他の人とも意見交換の上、より多くの「ヘンな敬語」を集めてみましょう。

採集場所	ヘンな敬語	正しくは
例）携帯電話会社からの ダイレクトメール	ご利用になられている機種	ご利用になっている機種 ご利用の機種 利用されている機種

他者

魅力的で頼れる履歴書づくり

　履歴書はあなたの分身です。あなたが面接で相手先を訪ねる前に、あなたの印象を作る材料ともなります。面接の流れをより良いものにするためにも、あなた自身をぎゅっと凝縮した渾身の一枚を相手に届けたいものです。

　とはいえ、単純に記入欄を埋めれば完成というものではありません。相手がいる、読む人がいる、ということを前提に、伝わる履歴書を目指さなくてはなりません。1章や2章を振り返りながら、自分も相手も喜ばせられるような頼もしい履歴書を作成しましょう。

◎9-1　「読む側」から見る履歴書

★TRY-88　良い履歴書・惜しい履歴書

　次頁のAとBの2つの履歴書の例を読み、良いと思う方の☆を塗りつぶしましょう。また、両者の違いやそれぞれから得られる印象を周囲の人と話し合い、良い例の特徴を以下の欄に書き出しましょう。

　※A・Bいずれの例も、ハムなどの加工食品を製造販売する会社を受験する想定で書かれています。

ラフ

☆＜履歴書A＞

得意な科目・分野	自覚している性格
・簿記（日商簿記3級を取得しました） ・マーケティング（対顧客視点を持つことの重要性を学びました） ・心理学（日々の生活にも活かしています）	明るく物怖じしない性格です。積極性にも自信があり、入学式当日の内に26人のゼミ生全員と友達になりました。人とのコミュニケーションが私のエネルギーの源です。
学業以外で力を注いでいること	特技・アピールポイントなど
大学祭実行委員として懸命に活動しました。「自分の可能性を狭めない」という言葉を常に念頭に置き取り組んだ結果、建学以来初の来場者2000人超えを達成できました。	特技は「理想像を思い描きながらの筋力トレーニング」です。地道に一歩一歩自分を理想に近づけていくことが心地良く、身体のみならず心のトレーニングにもなっています。

志望動機
私はインド旅行の際に食べ物にあたってしまい、非常に苦しみました。これまで何も考えずに食べものを口にできたのは、企業によって安全が守られてきたからだということに、この時初めて気付きました。御社の製品は、製造・流通・販売が一体であるからこそ安全であることは当然で、安全に意識を向けなくとも「美味しさ」や「楽しさ」に集中できます。御社の製品からたくさんの美味しいコミュニケーションを生み出したいと考えております。

☆＜履歴書B＞

得意な科目・分野	自覚している性格
・簿記 ・マーケティング ・心理学	明るく粘り強い性格です。また、好奇心旺盛で、何事にもチャレンジする意欲においては誰にも負けない自信があります。物事を冷静に見る姿勢も持っています。
学業以外で力を注いでいること	特技・アピールポイントなど
大学祭の実行委員として懸命に活動を続けました。私はこの取り組みを通じて協調性の大切さを学びました。その時の経験をこれからも活かしたいと思っています。	特技は筋力トレーニングです。体力の維持には特に気を付けており、体調不良で欠席したことは一度もありません。姿勢の良さもアピールできるポイントです。

志望動機
私は「食文化」にかねてから大きな関心を持っていました。「食べる」ということは、人間の基本的な欲望の一つであり、死ぬまで切り離せないものであるからです。 　私は食に対する関心を持ち続ける中で、御社の食に対する姿勢に大きなものを感じ、志望した次第です。将来は様々な世界の食文化を日本に持ち込み、日本にいながら世界の文化を知ることができるようにしたいと思っています。

❖ ここでは 2 つの例のみ提示していますが、実際の人事担当者の方は膨大な数の履歴書に目を
通しています。2 例読むだけでも、担当者の記憶に残るためには個性が重要だと実感された
ことでしょう。履歴書に望ましい特性が書かれているのは当然のこと。それだけでは「この
人の話を直接聞いてみたい！」とはなりません。より具体的に、自分でなければ語れないこ
とに注目して内容をまとめてみましょう。

Point

◉9-2 研究力で差をつける

★TRY-89 受験先に合わせた自己分析

履歴書には必ず志望動機を書く欄があります。人の心に響く志望動機を書くためには、
まず相手を知ること、そして自分との共通点をしっかり分析するところから。受験先と自
分自身について次の内容をまとめ、双方にとっての魅力（企業にとってのあなたの魅力・
あなたにとっての企業の魅力）を深く探ってみましょう。

	受 験 先	あなた自身	
受験先 （正式名称）			所　属
受験先の 業種			学んでき たこと
あなたの 希望職種			身につけ た技術・ 知識
企業理念 （社是）			好きな言 葉、大事 にしてい ること
その企業 が求める 人材像			長所 特技 それを示 すエピ ソード
その企業 が手掛け る事業・ 同業他社 との違い			その企業 でなけれ ばならな い理由
働く上で 予想され る困難			左の困難 に対して できる対 応・克服 術

	受　験　先	あなた自身	
その企業の展望・将来のビジョン			あなたが貢献できること
業界に関するニュース			左のニュースから考えたこと
その企業に関するニュース			左のニュースから考えたこと
その企業のキャリアアップ制度			どんな風に働きたいか
その企業の社風を示すオノマトペ			あなたを示すオノマトペ

✧ 隣り合う内容で共通点が多いほど、あるいは、雄弁に書き記せるほど、受験先とあなたとの相性が良く、あなた自身の熱意も強いことを示します。受験先にとっても、あなたの存在が魅力的に映るかもしれません。履歴書の中で特に記したいのは右側の「あなた自身」の部分。左側の企業の内容に対応する形でまとめていくと、相手から理解されやすいともいえます。上の表を周囲の人にも見てもらい、アピール力を高めるにはどのような内容を盛り込むべきか、どのような内容を強化すべきか、以下の欄に意見を書いてもらいましょう。また、そうした意見も踏まえながら、志望動機として何を前面に出すかを次頁の欄を使って簡単にまとめておきましょう。こうした内容に限らず思いついたことを何でも巻末の「思い付きメモ」に残しておくと、後々に必ず役立ちます。

Point

他者

ラフ

★TRY-90　自己PRの3点セット

　自分をアピールする際、「積極的です」のように特徴だけを伝えても印象には残りません。アピール要素が他の人と重なる場合も多く、また、実態が分からず真実味に欠けると思われてしまうこともあるからです。アピールしたいポイントとそれに合ったキャッチフレーズ、それを具体的に表すエピソードの3点をセットにして、自己PR力を強化しましょう。

　この際、類似する特性よりも全く異なる側面に注目して幅広く3点セットを作っておくと、受験先の求める人物像に合わせて柔軟に対応することができるようになります。

例　ポイント：　　明るく積極的な性格

　　キャッチフレーズ：学内一の創作系ムードメーカー

　　エピソード：　大学入学後間もない5月に有志6人でお笑い同好会を結成。開学来初めてと言われる異色同好会の中で、私は専らネタ作りを担当。文化祭での初公演では100名を越える観客を動員し大成功。披露したネタは「妖しいサバエさん一家」。10冊目のネタ帳を頼りに、ゼミの明るい雰囲気づくりにも力を注いでいる。

☆	ポイント	☆	ポイント
	キャッチフレーズ		キャッチフレーズ
	エピソード		エピソード

☆	ポイント	☆	ポイント
	キャッチフレーズ		キャッチフレーズ
	エピソード		エピソード

Point ✦ 良い履歴書を作成するためには、人の目を借りることがとても大切です。3点セットを複数用意したら周囲の人に目を通してもらった上、アピール力が強いオススメの1作の☆を塗りつぶしてもらいましょう。

◎9-3　チェック＆推敲で頼れる履歴書に

★TRY-91　履歴書作成にチャレンジ

以下の点や**TRY-88**の例で良いと感じた点を参考に、巻末付録の履歴書フォーム（下書き）にあなたらしい履歴書を書いてみましょう。

＜ポイント＞

①キャッチフレーズやエピソードを盛り込む（1章や2章を参考に）

② 社会に求められる要素を絡める（**TRY-15**：20-21頁を参考に）

③ 他の人にはない、自分独自の要素を優先する

④ アピール要素の羅列ではなく、流れやストーリーを作る

⑤ 結論→具体的説明の順序を意識する

⑥ 経験そのものよりも、その経験が持つ意味や精神的な成長、考え方の変化に注目する

★Try-92　辛口履歴書チェック

あなたが書いた履歴書を周囲の人から辛口でチェックしてもらいましょう（クリアできているものには○、できていないものには×を書き入れてもらいましょう）。一言アドバイスをもらうことも忘れずに。

Level	下書き	清書	チェック項目
前提			記入欄を使い切っているか？
基本			誤字脱字はないか？
基本			省略語や話し言葉を使っていないか？
基本			文のねじれなど、初歩的な文法ミスはないか？
基本			1文字1文字丁寧に書けているか？
初級			社会が求める要素（**TRY-15**：20-21頁参照）を前面にアピールできているか？
初級			きちんと練られた文章であることが感じられるか？
初級			その人物の考え方や特徴がよく表されているか？
初級			エピソードや数字など、具体的な内容を盛り込めているか？
中級			自分に対する理解の深さが感じられるか？
中級			会社に対する理解の深さが感じられるか？
中級			会社への愛情が感じられるか？
中級			他の人との違いや独自性が明確か？
上級			就職したいという意欲が感じられるか？
上級			「その企業でなければならない」というメッセージは伝わってくるか？
上級			その人物に魅力が感じられるか？
上級			一読しただけでも印象に残るか？
一言アドバイス	下書きについて		
	清書について		

✧履歴書チェックでのアドバイスをもとに内容を再考し、巻末付録の清書用シートを使って丁寧にペン書きしてみましょう。提出期限が迫って作成に取り掛かると、焦って失敗し、提出断念となることも珍しいことではありません。良い履歴書を作成するには、中身を練る期間として1か月、清書に2日をかけるくらいの気持ちが必要です。

清書の際には以下の点に気を付けましょう

<ポイント>
① 水性ボールペンや万年筆を使用
② 修正液や修正テープは使用せず、間違えたら
　　新たな用紙に書き直す（慎重に書きましょう）

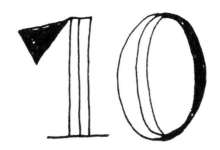

コミュニケーション力で面接を勝ち抜く

　昨今の入社試験、入学試験では人物重視の流れが続いています。ペーパー試験による一面的な理解でなく、人として包括的に評価してもらえることはとてもありがたいことですが、面接という特殊な場面ではなかなかいつも通りにはいきません。

　一方で、面接でも生き生きと自分を表現できる人もいます。この背後にあるのは、面接の経験の厚みと面接に対する理解の違いです。基礎を確認したら、ひたすら練習あるのみ。ここまでの TRY で磨いてきたコミュニケーション力を信じて、余裕のある面接上級者を目指しましょう。

◎10-1　身だしなみから想定問答まで

★TRY-93　服装・身だしなみチェック

　面接対策はまず服装・身だしなみから。できているべきことができていなければ、面接官も質問に集中できなくなります。周囲の人に全身のチェックをお願いし、クリアできているものは□にチェックを記入してもらいましょう（化粧やスカート、パンツ関連の項目など、対象外となるものは□に「−」を記入してもらいましょう）。

女性編

【アクセサリー他】□ ピアス、ネックレス、指輪など全て外してある
　　　　　　　　　□ 時計の色やデザインが派手でない
　　　　　　　　　□ 眼鏡の色やデザインは派手でない
【髪・髪型】……□ 髪の色が本来の色になっている（黒か暗い茶色）
　　　　　　　　　□ フケがついていない
　　　　　　　　　□ 寝癖がついていない

　　　　　　　　　□ 前髪が目にかからない

　　　　　　　　　□ お辞儀をして直っても、前髪が顔にかからない（直す必要がない）

　　　　　　　　　□ （髪が長い場合には）後ろ髪がきちんと一つにまとめられている

　　　　　　　　　□ （髪が長い場合には）髪を留めるものとして、黒、紺、グレー等の
　　　　　　　　　　 地味な色のゴムを使っている

【化　粧】……… □ 素顔が分かる程度のメイクをしている（メイクが濃過ぎず、スッピン
　　　　　　　　　　 でない）

　　　　　　　　　□ つけまつげを付けていない

　　　　　　　　　□ 口紅の色が本来の唇の色に合っている

　　　　　　　　　□ カラーコンタクトレンズや黒目を大きく見せるコンタクトをつけ
　　　　　　　　　　 ていない

【スーツ】……… □ シワがついていない

　　　　　　　　　□ ほつれがない

　　　　　　　　　□ 汚れていない

　　　　　　　　　□ 色が派手でない（黒、紺、グレーが良い）

　　　　　　　　　□ デザインが派手でない（極端に絞られたウェストや深いスリットも NG）

　　　　　　　　　□ スカートは膝が隠れる長さになっている

　　　　　　　　　□ ズボンはパンプスの踵部分が半分程度隠れる長さになっている

【シャツ】……… □ シワがついていない

　　　　　　　　　□ ほつれがない

　　　　　　　　　□ 汚れていない

　　　　　　　　　□ 襟が大き過ぎない（襟を強調したデザインでない）

　　　　　　　　　□ 襟が開きすぎない（前屈みになっても下着が見えない）

　　　　　　　　　□ 左右の襟が対称になっている（スーツの襟の外に出すか入れるかを統一）

　　　　　　　　　□ 白の無地である

　　　　　　　　　□ デザインが派手でない（フリルやリボンも NG）

【ストッキング】… □ 伝線していない

　　　　　　　　　□ 自分の肌にあった肌色である

　　　　　　　　　□ ストッキングの上に靴下を重ねて履いていない

【パンプス】……… □ ヒールは 3 ～ 5 センチ程度である

　　　　　　　　　□ ヒールに安定感があり、ピンヒールでない

　　　　　　　　　□ 汚れがなく、しっかり磨かれている

　　　　　　　　　□ ストラップがついていない

　　　　　　　　　□ スタッズやボタンがついていない

　　　　　　　　　□ 黒の無地である

　　　　　　　　　□ デザインが派手でない（爪先が尖ったものや極端に丸いものも NG）

【男性編】

【アクセサリー他】 □ ピアス、ネックレス、指輪など全て外してある

□ 時計の色やデザインが派手でない

□ 眼鏡の色やデザインは派手でない

【髪・髪型】……… □ 髪の色が本来の色になっている（黒か暗い茶色）

□ フケがついていない

□ 寝癖がついていない

□ 前髪が目にかからない

□ お辞儀をして直っても、前髪が顔にかからない（直す必要がない）

□ 全体的に短く整えられている

【コンタクト】…… □ カラーコンタクトレンズや黒目を大きく見せるコンタクトをつけていない

【スーツ】………… □ シワがついていない

□ ほつれがない

□ 汚れていない

□ 色が派手でない（黒、紺、グレーが良い）

□ デザインが派手でない

□ ズボンは靴の踵部分が半分程度隠れる長さになっている

【ワイシャツ】…… □ シワがついていない

□ ほつれがない

□ 汚れていない

□ 襟ぐりのサイズが自分に合っている

□ 左右の襟が対称になっている（スーツの襟の外に出ていない）

□ 白の無地である

【ネクタイ】……… □ 結び目がほどけていない

□ 色・柄が派手でない（落ち着いた色、淡い色が適当）

【靴 下】………… □ 汚れていない

□ 黒、紺、焦げ茶など、落ち着いた色である

【靴】…………… □ 汚れがなく、しっかり磨かれている

□ 黒や焦げ茶などの落ち着いた色の革靴である

□ デザインが派手でない（爪先が尖ったものや極端に丸いものも NG）

✦ ここで示すチェックポイントは、標準的な考え方です。業種によって方針が異なる場合がありますので、受験前に傾向を確認しておきましょう。ただ、どのような場合でも「清潔感」を心掛けることが正解につながります。また、スーツではなく私服の受験を指定される場合もあります。アパレルブランドの場合には、私服からファッションセンスやブランドとの相性を確認する意図がありますが、それ以外にも、普段の趣味・嗜好やその人の個性、状況判断を確認するというケースがあります。そうした場面でもやはり事前の研究が不可欠。過去の受験者の記録などを確認した上、自分らしさとその企業へのふさわしさを表せる服装を選びましょう。

★TRY-94　面接場面での立ち居振る舞い

　面接の場では立ち居振る舞いも評価を大きく左右します。礼儀をわきまえ、スムーズに動かなくてはなりません。

　いつでも臨機応変な対応が求められますが、以下の解説で一般的な流れを確認した上、実際に身体を動かしながら何度も練習してみましょう。

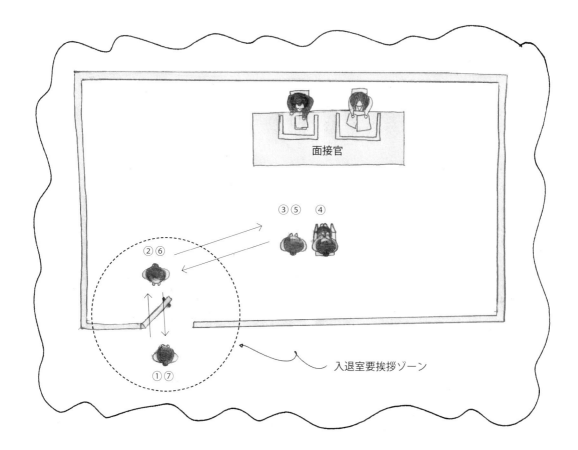

① ・ドアを3回※ノックする。

　　※2回との解説もありますが、トイレのノックと区別するという流れを受け、3回とします。

　　・中からの「どうぞ」という返事を確認する。

　　・静かにドアを開ける。中の面接官の姿が見えたら軽く会釈する。

② ・部屋の中に入り、ドアの方に向き直る。（面接官に背を向けて構わない）

　　・音を立てないように慎重にドアを閉める。（ノブ式の場合には必ずノブを回し、引き戸の場合は最後まで手を離さずに閉める）

　　・面接官の方を向いて「失礼いたします」と挨拶してから、丁寧にお辞儀する。

③ ・面接官が椅子の方へ招く合図をしたら、椅子の脇まで進み、「○○大学から参りました○○と申します。よろしくお願い致します」と伝え、丁寧にお辞儀する。

④ ・面接官が着席を勧めたら「失礼いたします」と軽く断って静かに腰掛け、質問に答える。

　　・面接官が「これで終わります」などの合図をしたら、着席したまま丁寧にお辞儀する。

⑤ ・椅子の脇に立ち、「ありがとうございました」と言葉を発してから、丁寧にお辞儀する。

　　・ドアの前に移動する。（面接官に背を向けて構わない）

⑥ ・ドアの前まで移動したら面接官の方に向き直り、「失礼いたします」と挨拶の言葉を発してから、丁寧にお辞儀する。

　　・ドアを開けて静かに退室する。（面接官に背を向けて構わない）

⑦ ・部屋を出てからはドアの方に向き直り、面接官の姿が見えたら軽く会釈して静かにドアを閉める。（ノブ式の場合には必ずノブを回し、引き戸の場合は最後まで手を離さずに閉める）

✧ 面接会場が狭くて椅子の脇に立てない、「そんなにかしこまらなくていいから〜」と面接官の方がリラックスした対応を強く求めてくるなど、面接の条件や雰囲気は様々です。ここで解説した入退室の流れは基本として身に付けておくと安心ですが、本当に大事なのは、どのような条件でも落ち着いてスムーズに対応できること。受験先や面接官への敬意を忘れずに、その場に合った対応を工夫しましょう。

Point

★TRY-95　面接想定問答集

　面接場面ではどのような質問が投げかけられても、間をおかずに反応を示すことが重要です。以下は面接場面でよく尋ねられる質問です。あらかじめ答えのポイントを書き出して、自分自身の考えを客観的に確認しておきましょう。

＜自分自身の理解に関わる質問＞

質　　問	あなたの答え
①あなたの長所を教えてください。 ＊2章を参照して、社会に求められる側面を意識しながら具体的に答えましょう。	
②あなたの短所を教えてください。 ＊マイナス面を伝えて終わるのではなく、克服しようと取り組んでいることや長所として捉えられる面もあることを添えましょう。	
③あなたの特技は何ですか。 ＊今後の仕事に活かせる側面に注目して、特技を考えましょう。独自性をプラスできれば◎。	
④あなたの趣味は何ですか。 ＊人との違いが明瞭となるよう、できるだけ具体的に答えましょう。メンタルの維持や日々の充実を感じさせる内容の場合には、あなたの個性だけでなく、自己管理や人生観のアピールにもなります。	

質　　問	あなたの答え
⑤好きな言葉を教えてください。 ＊ここで問われているのはあなたの信念です。オリジナルの言葉でも構いませんが、故事成語や偉人の言葉なども調べておきましょう。	
⑥尊敬する人は誰ですか。 ＊誰を尊敬しているかということよりも、理由が重要です。将来像の模範となる人を具体的に考えておきましょう。	
⑦５年後の自分像を教えてください。 ＊中長期的なビジョンを尋ねています。「こうなっていたい」という将来像と併せ、そのためにどうするかということも考えてみましょう。	
⑧最近のニュースで気になったものを教えてください。 ＊時事問題に対する関心の高さや関心の先を確認する質問です。芸能やスポーツ、殺人事件以外のニュースを選択。今後の仕事に関わる話題ならば◎。	
⑨最近読んだ本を教えてください。 ＊あなたの関心がどこに向いているかを確認する質問です。「読んでいません」との答えにならないよう、日々読書にも取り組みましょう。	

質　問	あなたの答え
⑩最近見た映画を教えてください。 ＊あなたの感性や興味関心にそった映画を紹介した上、その映画の魅力や感想も答えられるようにしましょう。	
⑪学生時代に力を入れたことは何ですか。 ＊取り組んだことそのものよりも、そこから学んだことやその経験を通じた気付き、成長、教訓を具体的に答えましょう。	
⑫学生時代で一番の失敗は何ですか。 ＊どのようにしてその失敗を乗り越えたか、その失敗から何を学んだかを具体的に答えることが重要です。失敗そのものに独自性があるとさらに◎。	
⑬学生時代を経て、あなたはどのような点が成長したと思いますか。 ＊自分自身の変化に気付き、その変化をもたらしたものを意識できていることが大切。今後どうなっていきたいかも併せて考えておきましょう。	
⑭学生時代に学んだ中で特に関心を持ったことは何ですか。 ＊関心を持っている＝理解も深いと期待されます。仕事に活かすことができそうな学問分野を答えられると良いでしょう。	

質　　問	あなたの答え
⑮自己 PR をお願いします。 ＊1 章、2 章を参考に、自分の長所や仕事で活かせる 　経験などを具体的にまとめ、熱意ややる気を感じさ 　せる言葉で締めくくりましょう。	

<受験先に関わる質問>

質　　問	あなたの答え
⑯志望動機を聞かせてください。 ＊**TRY-89**（95-96 頁）の受験先研究を踏まえ、他には 　ない志望企業の魅力、共感するところなどから、「な 　ぜその企業でなければならないのか」を説明しま 　しょう。	
⑰弊社について知っていることを何でも教えてく 　ださい。 ＊企業研究の深さを試す質問です。業界での位置付け 　や取り組みの特色、商品名など、その企業のファン 　のつもりでしっかり調べておきましょう。	
⑱弊社の在り方や弊社の商品について、改善が必 　要と感じていることがあれば教えてください。 ＊「ここが悪い」といった受験先企業の批判ではなく、 　よりよくするための提案という意識でアイデアを練 　りましょう。	

質　問	あなたの答え
⑲他にどのような企業を受験していますか。 ＊就職活動に対する姿勢や、本当に就職する気持ちがあるかを確認する質問です。まずは受験先と関連する業界を中心に受験していると答える程度にとどめ、就職に向けた意欲をアピールしましょう。	
⑳何か質問はありますか。 ＊面接は企業の方と直接話せるまたとないチャンス。受験先に対する理解を前提に、パンフレットや公式サイトでは分からないことを質問して関心の高さを示しましょう。	

<希望職種に関わる質問 >

質　問	あなたの答え
㉑なぜその職種を希望するのですか。 ＊あなたのその職種への適性をアピールできる質問です。あなたが考えるその職種のやりがいと共に、あなた自身の長所も添えましょう。	
㉒その職種に興味を持ったきっかけを教えてください。 ＊「いつ頃」「何の影響で」を中心に答えましょう。それによって、その職種に対する理解の深さや熱意を示すことになります。	

質　　問	あなたの答え
㉓その職種で活かせるあなたの経験を紹介してください。 ＊具体的に答えることを意識しましょう。また、経験したことだけでなく、そこから得た実感や教訓なども含むと回答の深みが増します。	
㉔その職種に必要だと思う資質は何ですか。 ＊職業研究の深さ、理解の正確さを問う内容です。表面的なことではなく、実際にその職種で働く人から聞いた体験談やあなた自身の分析から考えられることを答えましょう。	
㉕弊社で他に関心のある職種はありますか。 ＊職種別の採用試験でない場合には、その職種に対する本気度を確認する意味と他の職種を勧める意味の両方が考えられます。難しいことですが、話の流れから質問の真意をつかみましょう。	

✧ 質問にはどの程度答えるのが適当でしょうか。一言では短過ぎますし、1分をかけるようでは長過ぎます。特に集団面接の場合、長い回答が他の受験者の時間を奪ってしまうことになりかねません。1回の答えで全てを伝えきる必要はありませんから、大事なこと、関心を持ってもらえそうなことを中心に、20〜30秒くらいで答える意識を持つと良いでしょう。また、実際の面接場面での質問はこれだけでは決してありません。過去の受験記録やインターネットの情報などから質問内容を探り、以下の欄にメモしておきましょう。

ラフ

◎10-2　自己PR 総仕上げ

★TRY-96　1分＝350文字の自己PR

　面接では、「自己PRを1分間で」という指示が出されることが少なくありません。1分間であなた自身の何を伝えるか、どの程度のスピードで伝えるかを考えながら、ここであなたの自己PRの完成形を仕上げましょう。

　1分間にじっくり伝える分量として適当なのは350文字程度と言われます。1章や2章の内容を読み返しながら、次のマス目をいっぱいにする気持ちで原稿を作成しましょう。

　　＜ポイント＞　① キャッチフレーズやエピソードを盛り込む（1、2章を参考に）

　　　　　　　　② PRであることを意識し、社会的に認められる要素を絡める

　　　　　　　　　（2章を参考に）

　　　　　　　　③ 他の人にはない、自分独自の要素を優先する

　　　　　　　　④ アピール要素の羅列ではなく、流れやストーリーを作る

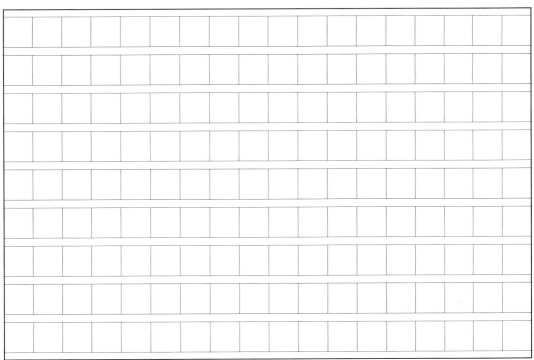

（360字：18字× 20行）

❖ 自分以外の誰かの反応を確認することは改善の役に立ちます。周囲の人に目を通してもらい、以下の内容についてフィードバックをもらいましょう（A= 優、B= 良、C= 可、D= 不可）。
　評価とアドバイスをもらったら、次頁に改善版自己 PR 原稿を作成してみましょう。

個性	A B C D		
魅力	A B C D	ア ド バ イ ス	
具体性	A B C D		
インパクト	A B C D		

他者

（360字：18字×20行）

★TRY-97　1分で自己 PR リハーサル

　1分を目標に **TRY-96** で作成した原稿を読み上げ、かかった時間を記録しましょう。周囲の人から協力が得られる場合は、次の項目についてそれぞれ5段階で評価してもらってください（5＝良くできている、4= できている、3= ふつう、2= できていない、1= 全くできていない）。また、最後に総合評価（A= 優、B= 良、C= 可、D= 不可）とアドバイスも記入してもらいましょう。

	回　数	1回目	2回目	3回目	4回目
	時　間	分　秒	分　秒	分　秒	分　秒
評価項目	a. キャッチフレーズやエピソードなど、印象に残る具体的要素が盛り込まれているか	／5	／5	／5	／5
	b. 社会的に認められる要素をアピールできているか	／5	／5	／5	／5
	c. 独自の要素が前面に出ているか	／5	／5	／5	／5
	d. 要素の羅列でなく、スムーズな流れができているか	／5	／5	／5	／5
	e. 声の大きさは適切か	／5	／5	／5	／5
	f. 話すスピードは適切か	／5	／5	／5	／5
	g. 穏やかでにこやかな表情か	／5	／5	／5	／5
	h. 聞いている人の方に目を配っているか	／5	／5	／5	／5
	総合評価				

アドバイス①

アドバイス②

他者

◎10-3 小ネタでウォーミングアップ

★TRY-98 30秒で「あなたの○○」紹介

面接では、テンポよく反応することが求められます。しかも、各質問に対する最初の回答内容に興味を引く部分がなければ、その質問はそこで終わってしまいます。このワークでは、ストップウォッチで30秒を測りながら、時間内に必要な内容を魅力的に話す練習をします。口頭で答えた内容を箇条書きで以下の欄に書き出してみましょう。ここでは事前準備なしに瞬発力を発揮できるかどうか、力だめししてみることが大事です。また、可能な限り周囲の人にも聞いてもらい、評価（A=優、B=良、C=可、D=不可）と改善に向けたコメントを右側の欄（グレー部分）に記入してもらってください。

テーマ	答えた内容のポイント	時　間	評価	改善コメント
① あなたの出身地の特徴は？		分　秒	A B C D	
②あなたの出身校の特徴は？		分　秒	A B C D	
③あなたのオススメの本は？		分　秒	A B C D	
④あなたのオススメの映画は？		分　秒	A B C D	
⑤あなたのストレス解消法は？		分　秒	A B C D	
⑥あなたがよく行く場所は？		分　秒	A B C D	
⑦今のあなたを色で表すと？		分　秒	A B C D	
⑧あなたの今日の朝ごはんは？		分　秒	A B C D	

✧ これらの質問には、「もの」や「こと」を回答することになります。一言目の回答段階で関心を持ってもらうことができれば、その答えに対してさらなる質問が寄せられることでしょう。つまり、答える内容と答え方次第であなたを知ってもらう機会の幅が変化するのです。ここでは、関心を持ってもらえそうなポイントを見極め、回答の瞬発力を高めることを目指します。以下の点を意識して回答内容を洗練させていきましょう。また、3章で学んだ通り、内容だけでなく回答時の言葉の抑揚や表情もあなたの発言を補強するものになります。

> ・そのものやことの魅力やインパクトのある特徴
> ・そのものやことへのあなた自身の思い／そのものやことによるあなたの心の動き
> ・そのものやことのあなたにとっての意味

★TRY-99　面接官にニックネームを

TRY-95 では、面接でよくある質問を挙げましたが、実際には予想と全く異なる方向から質問が飛んでくることがあります。面接官も受験者の様々な面を確認しようと工夫しています。「面接官にニックネームを付けてください」という質問が提示されたら、あなたは冷静に答えられるでしょうか。

　以下の点が試されていることに注意しながら、周囲の人（お互いによく知らない人が最適）にニックネームを付けてみましょう。ニックネームで関心を持ってもらい、理由を聞いて納得、となることが理想です。

　書き終わったら周囲の人にニックネームを披露して、よくできているものの☆を塗りつぶしてもらってください。

　<ポイント>　①人の特徴（特長）を捉える力／観察眼
　　　　　　　②人の特徴（特長）を表す表現力／創造性
　　　　　　　③人に対する配慮（言われた人が傷つかないことが重要）

オススメ	対象人物	ニックネーム	理　　由
☆			
☆			
☆			
☆			

❖ こうした質問に対してもあなたらしい発想で回答できればそれで良いのですが、最低限避けたいのは以下のような項目です。自分をアピールするはずが、かえって社会的な配慮の欠如や発想力の乏しさを示す結果にならないよう十分注意しましょう。

> ・外見に関するもの
> ・単純な名前の言い換えに留まるもの
> ・家族内の役割（お父さん／お母さんなど）や社内の役職に関わるもの

◎10-4　ひたすら実践！　集団面接

★TRY-100　集団面接ロールプレイ

　面接の流れに留意して、4～6人程度のグループで集団面接のロールプレイをしてみましょう（受験者2～3名・面接官2～3名）。1組の面接に10分、役割を交代して計20分程度で質疑応答してみましょう。

　面接官役の人にこの本を預け、次のチェックシートに評価してもらってください(A=優、B=良、C=可、D=不可)。

・「受験者」役2～3人：

　入室から退室まで本番の意識でロールプレイします。TRY-96の自己PRの内容や履歴書としてまとめたポイントを頭に入れ、スムーズな受け答えを目指しましょう。入退室の動作も評価対象であることを忘れずに。

・「面接官」役2～3人：

　各受験者に対して、①所属、②氏名、③質疑応答（TRY-95の質問の中から選択。※⑮の自己PRを除く）、④1分間の自己PR（TRY-96参照）を求めましょう。回答された内容についてさらに軽く質問しても構いません。

	1回目	2回目
入退室	A B C D	・動きがスムーズ ・お辞儀が丁寧 ・姿勢が良い ・さわやかに挨拶できている ・表情が明るい	A B C D	・動きがスムーズ ・お辞儀が丁寧 ・姿勢が良い ・爽やかに挨拶できている ・表情が明るい
応答内容	A B C D	・質問に対して的確に答えている ・プラスの面をアピールできている ・エピソードなど、具体的に答えている ・冗長にならず、簡潔に答えられている	A B C D	・質問に対して的確に答えている ・プラスの面をアピールできている ・エピソードなど、具体的に答えている ・冗長にならず、簡潔に答えられている
態　度	A B C D	・元気にはっきりと応答している ・面接官の方をしっかり見ている ・他の受験生の回答中も集中している ・表情が明るい ・姿勢が良い	A B C D	・元気にはっきりと応答している ・面接官の方をしっかり見ている ・他の受験生の回答中も集中している ・表情が明るい ・姿勢が良い
言葉づかい	A B C D	・省略語や流行語は使わず、面接に適した言葉づかいができている ・適切な敬語を使っている ・「やっぱ」「けど」「……は」「なので」等の言葉を使っていない	A B C D	・省略語や流行語は使わず、面接に適した言葉づかいができている ・適切な敬語を使っている ・「やっぱ」「けど」「……は」「なので」等の言葉を使っていない
特に期待できそうな側面	（　　　）①積極性 （　　　）②協調性 （　　　）③計画性 （　　　）④継続力 （　　　）⑤傾聴力 （　　　）⑥発言力 （　　　）⑦論理的思考力 （　　　）⑧独創的発想力 （　　　）⑨メンタルの強さ （　　　）⑩マナー・気づかい		（　　　）①積極性 （　　　）②協調性 （　　　）③計画性 （　　　）④継続力 （　　　）⑤傾聴力 （　　　）⑥発言力 （　　　）⑦論理的思考力 （　　　）⑧独創的発想力 （　　　）⑨メンタルの強さ （　　　）⑩マナー・気づかい	
総合評価	A　　B　　C　　D		A　　B　　C　　D	
アドバイス				
面接官氏名				

119

✧ 面接を受けることを考えると見られることばかりに意識が集中してしまいがちですが、人の目には自分がどのように見えるのかに目を向けると改善の方向性が見えてきます。面接官役を務めることで、受験者のどのようなところに目が向くのか、どのような受験者に対して好感を持つのかといった点もクリアになってくるでしょう。気が付いたことを以下の欄にまとめておきましょう。

> 面接官目線で気付いた面接のポイント

★TRY-101　受け答え NG チェック

いよいよ最後のワークです。

面接のメインは質疑応答です。立ち居振る舞いがどれだけ立派でも、話される内容がいまひとつであればそこまでとなってしまいます。以下の項目は、面接でありがちな望ましくない受け答えの特徴を表しています。**TRY-100** の集団面接ロールプレイの様子を振り返りながら該当する項目にはチェックを入れ、改善を意識しましょう。

【応答内容】

□ 答える内容を文章で暗記してそのまま答えようとする

（面接は暗記の発表会ではありません。面接官との柔軟なやりとりこそ重要です）

□ 答えが一言で終わる

（折角のアピールのチャンスを逃さないように。「はい」「いいえ」で答えられる質問でも、具体的な内容を添えて答えましょう）

□ 答えが長過ぎる

（面接官の関心に従って、答える長さを調整する柔軟性を持ちましょう。そのためには、面接官の様子をよく見ることが大事です）

□ 答えが的外れで質問に答えられていない

（面接官は質問を的確に捉える理解力も見ています。質問の核やその質問から何を捉えようとしているのかを見極めましょう）

□ 何を言いたいのか分からない

（大事な点を最初に伝え、後から詳しい説明を加えるようにしましょう）

□ 自分のマイナス面ばかりを言う

（短所に関する質問など、マイナス面を答える場面もあるはずですが、悪い面ばかりでなく、それを克服する取り組みやプラスの側面まで答えるように意識しましょう）

□ 具体性に欠ける

（特に集団面接の場合には、長所が他の受験生と重なってしまう場合がよくあります。より具体的な経験を前面に出すようにしましょう）

□ 受験先の企業を批判する

（改善点を問われる場合もありますが、「ここが悪い」ではなく、「こうするともっと良くなる」という姿勢で答えましょう）

□「質問は？」と問われて、表面的なことを尋ねる

（良い質問は評価の対象となり得ますが、パンフレットや公式サイトの情報などから分かることを尋ねるのは逆効果です。質問がなければ「ありません」「ございません」と、はっきり答えましょう）

【態度】

□ 声が小さい

（声が小さいだけで、自信がない、伝える気持ちがない、と捉えられてしまいます）

□ 面接官の方を見ない

（面接官との視線のやり取りがないと、話していることが伝わりにくくなります）

□ 他の受験生の回答中に脱力している

（面接は個人面接ばかりではありません。集団面接の際は、他の受験生の回答にも関心を持って耳を傾けましょう）

□ 答えるまでに時間がかかる

（無音状態が長く続くことは避けたいところです。考える時間がほしい場合には「少しお時間いただいてもよろしいでしょうか」と断りましょう）

□ 早口

（緊張すると早口になりがちです。意識してゆっくり話しましょう）

□ 語尾がのびる

（語尾がのびるとだらしない印象になり、評価も下がってしまいます。ハキハキと簡潔に答えましょう）

□ 表情が硬い

（面接官は受験生の表情から人間性を見ます。終始笑顔でいる必要はありませんが、話題に合わせて表情も変化させられる余裕は持ちたいところです）

□ 姿勢が崩れる

（面接の時間中は背筋を伸ばし、その姿勢をキープしましょう。膝にも要注意です）

【言葉づかい】

□「バイト」など、省略語や流行語を使う

（面接の場では全て正式な言い方）

□「やっぱ」「やっぱり」

（「やはり」が正しい言い方です）

□「けど」

（「けれど」が正しい言い方です）

□「……は」

（面接官からの質問に続けて「……は」から答える例が増えています。まず「はい」で受け止めてから、「それは……」のように続けましょう）

□「なので」

（「なので」と言えるのは、「私の特技は早起きなので」のように、前の文章から続けて言う場合のみです。「従って」「よって」「このようなことから」と言い換えたり、前の文章から続けたりすることで、「なので」から文章を始めることは避けましょう）

□「えっと……」

（すぐに答えが出ない場合には「えっと……」などの言葉が出てきがちです。多少挟まれる分には問題ありませんが、答える度に「えっと」が入るようでは幼い印象になります。答えに集中してもらえるよう、答えの内容にすぐに入れるよう意識しましょう）

□「じゃないですか」

（断定を避けるために、同意を求めるような「じゃないですか」という表現が使われる場合も多くありますが、面接場面では不適当です。「〜です」と簡潔に答えましょう）

□ 受験先を呼び捨てにする

（「○○株式会社」などではなく、「御社（おんしゃ）」と言いましょう）

□ 尊敬語が使えない

（「そちらの山口さんが説明会でそう言っていました」のような表現は×。「御社の山口様が先日の説明会でそのようにおっしゃっていました」のように、受験先企業に関わる表現にはしっかり尊敬語を使いましょう）

□ 謙譲語が使えない

（「実家のお母さんがおっしゃっていました」のような表現も×（この場合は、「実家の母が申しておりました」が適切）。自分自身や身内については必ず謙譲語を使いましょう）

⑤ コミュニケーションと顔

コミュニケーションにおいて、顔は重要な役割を果たします。相手がどのような人物であるか、怒っていないか、自分の話に関心を持ってくれているか等、顔が伝える情報を読み取ってコミュニケーションをとっているといえば、きっとあなた自身も思い当たるところがあるでしょう。

日本には、「日本顔学会」という学会が存在します。「顔学？」と不思議に思われるかもしれませんが、顔に関わる様々な学問領域（例えば、心理学や工学、文化人類学、歯学や医学等）が手を取り合い、新しい学際分野を築いていこうという壮大な試みが 1995 年にスタートしました。

顔というと、美人やイケメンについて話したがるのが学生の常ですが、美醜の問題に終始していたら、それはもったいないことです。顔の真価は、良いコミュニケーションを生むかどうかで測られるべきではないでしょうか。

生涯にわたって付き合っていく顔。日本顔学会の元会長である原島博先生の「顔訓 13 箇条」を皆さんへのエールとして贈ります。

顔訓 13 箇条（原島、1999）

1. 自分の顔を好きになろう。
2. 顔は見られることによって美しくなる。
3. 顔はほめられることによって美しくなる。
4. 人と違う顔の特徴は、自分の個性（チャームポイント）と思おう。
5. コンプレックスは自分が気にしなければ、他人も気づかない。
6. 眉間にシワを寄せると、胃に同じシワができる。
7. 目と目の間を離そう。そうすれば人生の視界も拡がる。
8. 口と歯をきれいにして、心おきなく笑おう。
9. 左右対称の表情づくりを心掛けよう。
10. 美しいシワと美しいハゲを人生の誇りとしよう。
11. 人生の 3 分の 1 は眠り。寝る前にいい顔をしよう。
12. 楽しい顔をしていると、心も楽しくなる。人生も楽しくなる。
13. いい顔、悪い顔は人から人へ伝わっていく。

〔引用文献〕
原島 博「顔訓 13 箇条」村澤 博人・馬場 悠男・橋本 周司・原島 博・大坊 郁夫 編『大「顔」展図録』読売新聞社、1999、p.135

❶ インタビューメモ

クラスメイトや友だち、家族にインタビューした内容をメモしましょう。

インタビューの相手① [　　　　　　　　　　　　　] DATE [　　／　　]

インタビューの相手② [　　　　　　　　　　　　　] DATE [　　／　　]

インタビューの相手③ [　　　　　　　　　　　　　] DATE [　　／　　]

インタビューの相手④ [　　　　　　　　　　　　　] DATE [　　／　　]

インタビューの相手⑤ [　　　　　　　　　　　　　] DATE [　　／　　]

インタビューの相手⑥ [　　　　　　　　　　　　　　　] DATE [　　/　　]

インタビューの相手⑦ [　　　　　　　　　　　　　　　] DATE [　　/　　]

インタビューの相手⑧ [　　　　　　　　　　　　　　　] DATE [　　/　　]

インタビューの相手⑨ [　　　　　　　　　　　　　　　] DATE [　　/　　]

インタビューの相手⑩ [　　　　　　　　　　　　　　　] DATE [　　/　　]

インタビューの相手⑪ [　　　　　　　　　　　　　　　] DATE [　　/　　]

❷ 一言コメントフォーム

インタビューや意見交換の際、その日のパートナーや仲間から、良かったところを褒めてもらいましょう。

例）5/21 話題が豊富で時間があっという間だった！ また話そうね！（エミより）

/	（	より）
/	（	より）
/	（	より）
/	（	より）
/	（	より）
/	（	より）
/	（	より）
/	（	より）
/	（	より）
/	（	より）
/	（	より）
/	（	より）
/	（	より）
/	（	より）
/	（	より）
/	（	より）
/	（	より）
/	（	より）
/	（	より）
/	（	より）

❸ オノマトペコレクション

　クラスメイトや友だち、家族と会話したら、下の人型の中にあなたを表すオノマトペを書き入れてもらいましょう。

　例）ほわほわ、じわじわ、きゃぴきゃぴ、ルンルン、ワイワイ、きびきび、きゅんきゅん

❹ 履歴書フォーム（下書き）

まずは自分流に履歴書を書いてみましょう。

履　歴　書

ふりがな			学籍番号	所　属
氏名				

年	月	学歴・職歴		
		学　　歴		
年	4	高等学校		入学
年	3	高等学校		入学
年	4			入学
年	3			卒業見込
		職　　歴		
		な　　し		
				以上

得意な科目・分野	自覚している性格
学業以外で力を注いでいること	特技・アピールポイントなど

志望動機

❺ 履歴書フォーム（清書）

9章の内容に基づき、履歴書をペン書きしてみましょう

履　歴　書

ふりがな		学籍番号	所　属
氏名			

年	月	学歴・職歴

得意な科目・分野	自覚している性格
学業以外で力を注いでいること	特技・アピールポイントなど
志望動機	

⑥ 思いつきメモ

　＜①きれいに書かない＞＜②すぐにメモする＞＜③たくさん溜める＞の３つの約束を守って、あなた自身や人・企業の理解に役立つ内容をとにかくメモしましょう。アンテナを張り、心が動いたことを日々書き留めていくことが後々のあなたの力になります。

◆エピソード（自虐、努力、褒められたこと、怒られたこと、努力したことなど）　※要日付

◆気になるフレーズ（キャッチコピー、教訓、金言・格言など何でも）

◆気になるニュース　※要日付

◆読んだ本／観た映画と感想　※要日付

◆あなた自身について人から言われたこと・評価　※要日付

◆最近で一番笑ったこと　※要日付

◆最近で一番感動したこと　※要日付

◆憧れの人・ロールモデル

むすびに

コミュニケーション力が求められる昨今です。しかし一方では、この「コミュニケーション力」とは何なのか、いまいち判然としないと感じられている方も少なくないのではないでしょうか。

お気付きのことと思いますが、「コミュニケーション力」という表現はとても大雑把なもので、むしろその曖昧さを強調して、「コミュニケーションを成立させる何か」と言い換える方が適切ではないかとすら思います。実際には無数のスキルによってコミュニケーションは成立しているのです。著者としては、そうした事実やスキルの1つ1つに気付く仕掛けをそれぞれのワーク（TRY）に込めたつもりですが、いかがでしょうか。「え？」と思われた方は、そうした視点で改めて書き終えられたこの本を見返してみてください。

また、本書のタイトルの「信頼関係を築く」という部分には、トレーニングの先に目指す理念を添えました。前述のように、コミュニケーションを成り立たせるものは小さなスキルではありますが、コミュニケーションによる喜びとさらなるコミュニケーションへの原動力をもたらすのは信頼という心の状態です。逆に、信頼がない中でのコミュニケーションはただのスキル行使に過ぎず、苦痛と関係破綻にしかつながりません。

101のワーク（TRY）は決して少ないものではありませんが、これらを経て、コミュニケーションそのもののヒントはもちろんのこと、コミュニケーションをより良く楽しむヒントまでが、皆さまのもとに残っているようであればとても嬉しく思います。

最後に、本書の仕掛けはワーク（TRY）で終わりではありません。書き込み済みの1冊を1年経過ごとに見返してみることもおすすめです。きっと、書き込まれたページを開く度に新たな気付きが生まれます。皆さま自身と周囲の方々の文字によって完成された1冊、ぜひ大切になさってください。

本書の出版にあたり、多くの方々のお力添えを賜りました。出版のきっかけを作ってくださった埼玉女子短期大学名誉教授の浅野洋先生、ジャーナリストの故・宮淑子先生、新水社の故・村上克江社長に心より謝意を表します。また、本書を創り出す原動力とインスピレーションを与えてくれた埼玉女子短期大学の在学生の皆さん、卒業生の皆さんにも心から感謝します。そして、本書の計画に力強いご賛同を寄せてくださったポラーノ出版の鋤柄禎様には感謝に堪えません。鋤柄社長の温かいご理解と献身的かつ緻密な作業によって、かたちのない精神に本という立派なかたちを与えていただくことができました。

こうして皆さまに本書をお届けできる幸せを噛み締めつつ、以上をむすびの言葉とさせていただきます。

2021年4月 　　　　　　　　　　　　　　　　　　　　　山田 雅子

参考文献

相川充『新版　人づきあいの技術――ソーシャルスキルの心理学』サイエンス社、2009

相川充・津村俊充編『社会的スキルと対人関係　自己表現を援助する』誠信書房、1996

アレン・E・アイビィ／福原真知子・椙山喜代子・國分久子・楡木満生　訳編『マイクロカウンセ
　　　リング"学ぶ―使う―教える"技法の統合：その理論と実際』川島書店、1985

上野徳美・岡本祐子・相川充 編著『人間関係を支える心理学 心の理解と援助』北大路書房、2013

小柳しげ子・余語淑子・宮本恵美『アサーティブトレーニングブック』新水社、2008

大坊郁夫編『幸福を目指す対人社会心理学――対人コミュニケーションと対人関係の科学――』ナ
　　　カニシヤ出版、2012

東京大学医学部心療内科編『新版エゴグラムパターン――TEG 東大式エゴグラム第2版による性
　　　格分析』金子書房、1995

橋本剛『大学生のためのソーシャルスキル』サイエンス社、2008

平木典子・沢崎達夫・土沼雅子 編著『カウンセラーのためのアサーション』金子書房、2002

福井康之『対人スキルズ・トレーニング 対人関係の技能促進修練ガイドブック』ナカニシヤ出版、
　　　2007

諸富祥彦編『人生にいかすカウンセリング―自分を見つめる 人とつながる』有斐閣、2011

文部科学省 文化審議会答申「敬語の指針」2007　http://www.bunka.go.jp/seisaku/
　　　bunkashingikai/sokai/sokai_6/pdf/keigo_tousin.pdf

引用文献（掲載順）

◇コミュニケーションのプロセスモデル

竹内郁郎「社会的コミュニケーションの構造」内川芳美・岡部慶三・竹内郁郎・辻村明編『現代の
　　　社会とコミュニケーション1 基礎理論』東京大学出版会、1973、p. 113

◇社会的スキル尺度青年版

菊池章夫『思いやりを科学する――向社会行動の心理とスキル』川島書店、1988、p. 199

◇自尊感情尺度

山本真理子・松井豊・山成由紀子「認知された自己の諸側面の構造」『教育心理学研究』30、
　　　1982、pp. 64-68.

◇対人信頼感尺度

堀井俊章・槌谷笑子「最早期記憶と対人信頼感との関係について」『性格心理学研究』3、1995、
　　　pp. 27-36.

◇アサーティブ・チェックリスト

小柳しげ子「アサーティブ・チェックリスト」小柳しげ子・余語淑子・宮本恵美『アサーティブ
　　　トレーニングブック――I'm OK, You're OK な人間関係のために』新水社、2008、pp.
　　　24-25.

◇社会的スキル100項目

菊池章夫・堀毛一也『社会的スキルの心理学』川島書店、1994、p. 16

◇顔訓13箇条

原島博「いい顔をつくる「顔訓13箇条」」村澤博人・馬場悠男・橋本周司・原島博・大坊郁夫編『大
　　　「顔」展図録』読売新聞社、1999、p. 135

◗ 著者紹介

山田 雅子（やまだ・まさこ）

早稲田大学大学院人間科学研究科博士後期課程修了
博士（人間科学） 埼玉女子短期大学教授
主に、心理学やコミュニケーション、対人行動に関わる授業を担当。
研究においては、社会心理学、色彩心理学を専門とし、特に対人
場面に着目した実験調査に取り組む。
所属学会は、日本心理学会、日本色彩学会、日本社会心理学会、
日本顔学会。

書いて・きいて・深める
──信頼関係を築くコミュニケーショントレーニング 101

2021 年 5 月 13 日　初版第 1 刷発行
著　者　山田雅子
発行者　鋤柄 禎
発行所　ポラーノ出版
　　　　〒 195-0061
　　　　東京都町田市鶴川 2-11-4-301
　　　　mail@polanopublishing.com
　　　　https://www.polano-shuppan.com/
　　　　Tel 042-860-2075　Fax 042-860-2029
装　幀　宮部浩司
印　刷　モリモト印刷